Maree Della Mistiche

Adulto Da Colorare
Libro Mermaid
Edizione

Coloring Bandit

Pubblicato da Speedy Publishing Canada Limited

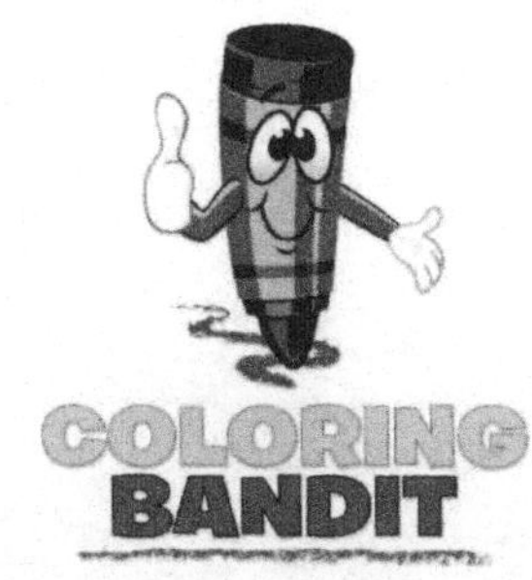

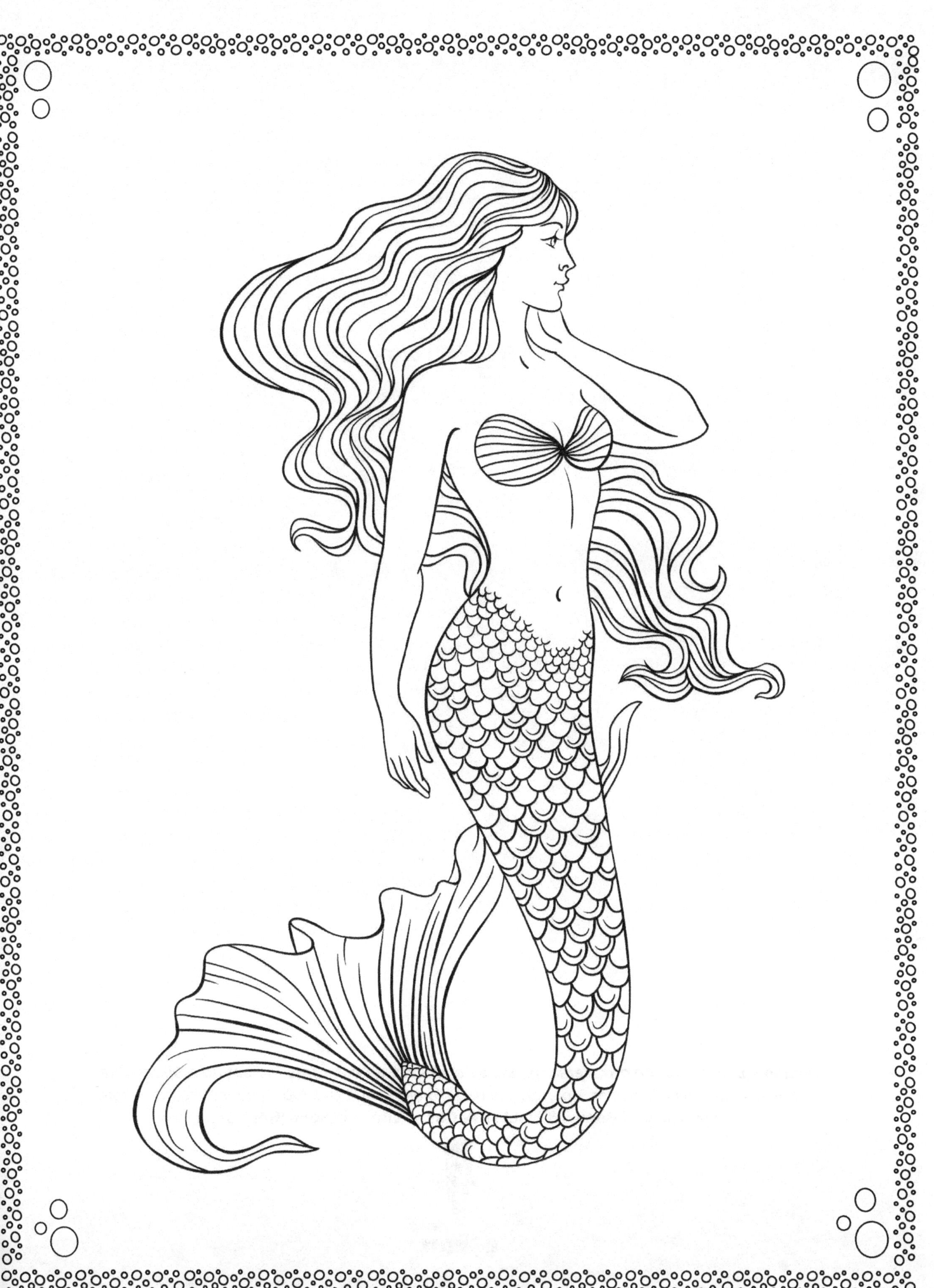

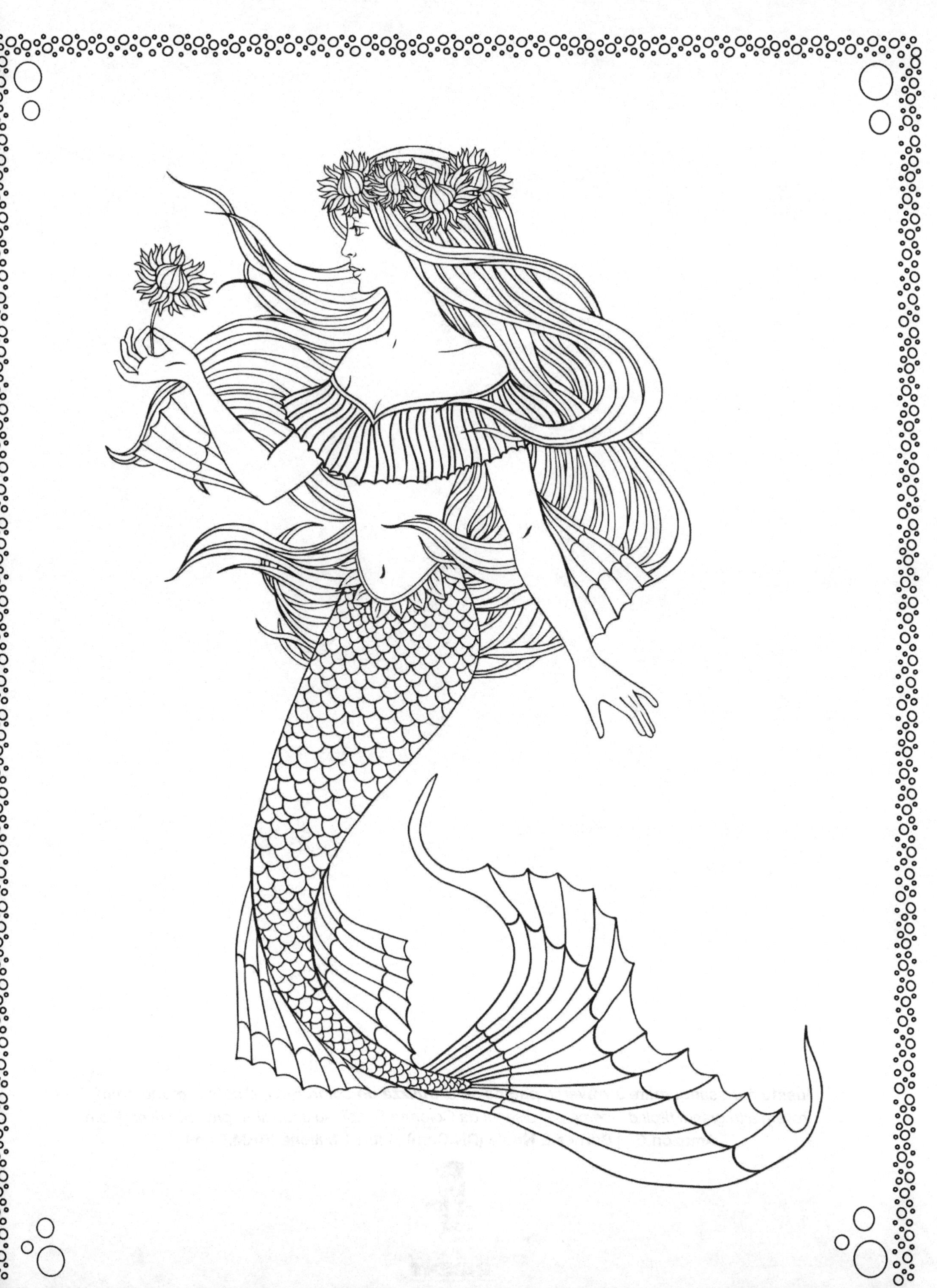

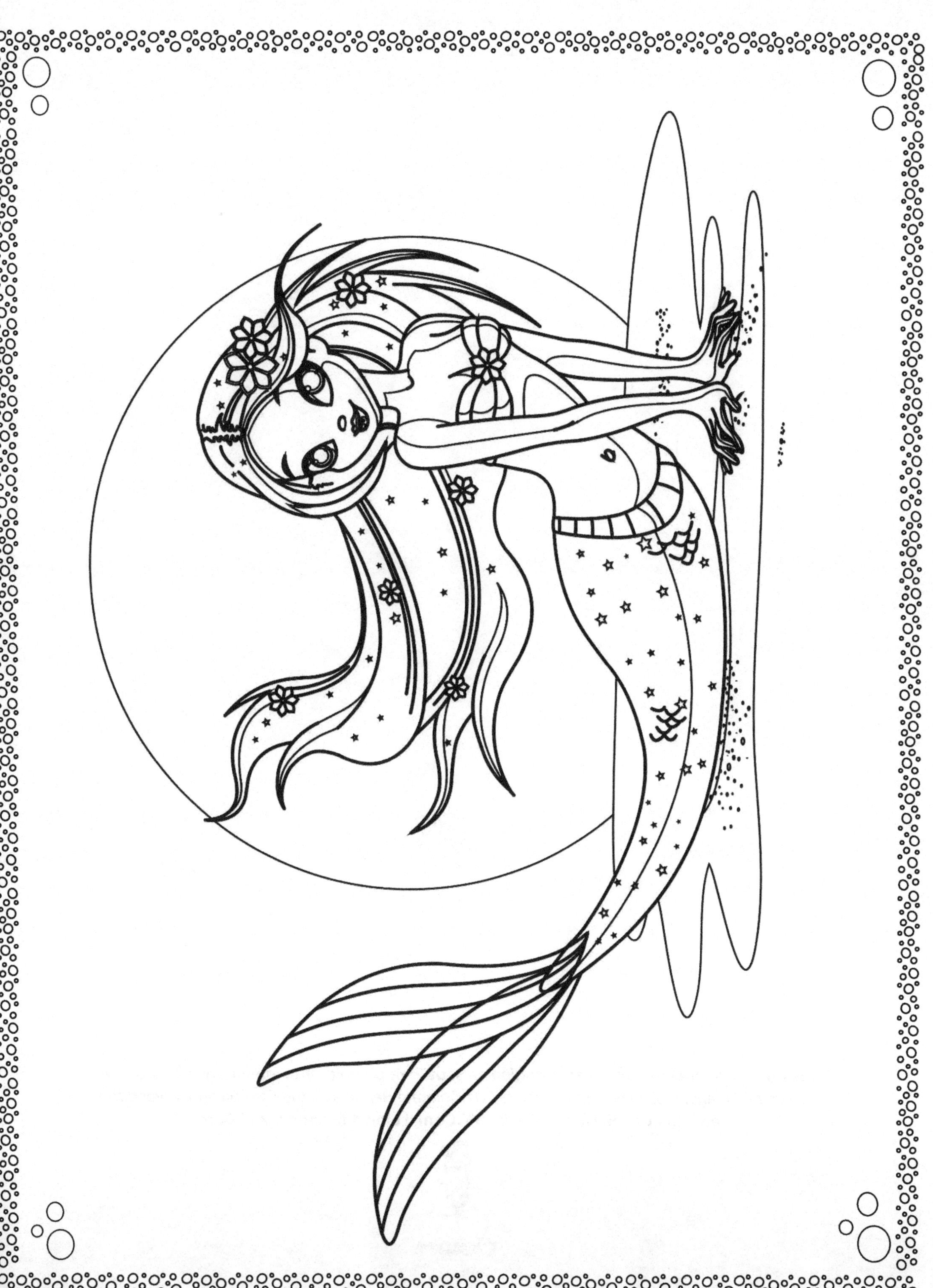

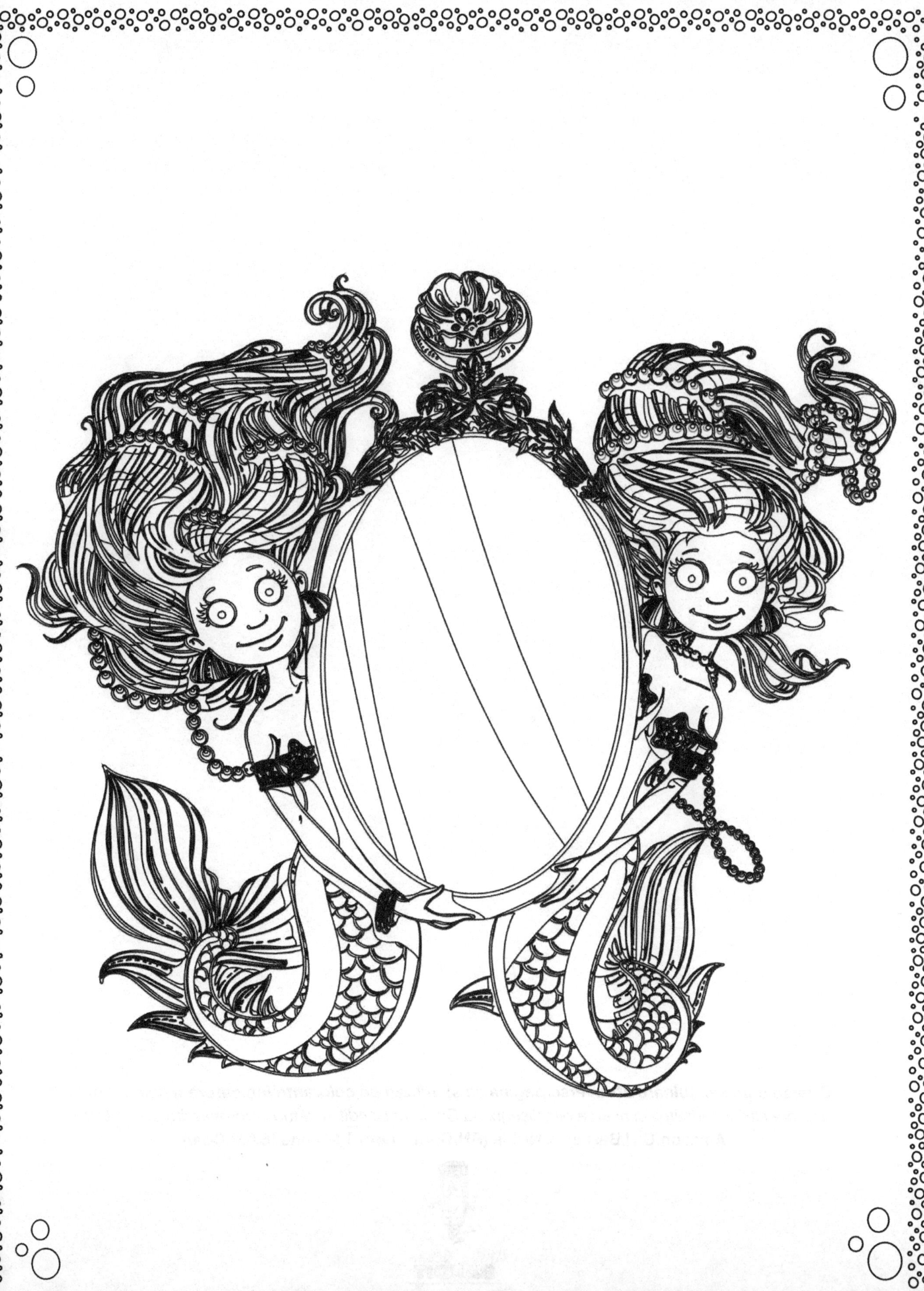

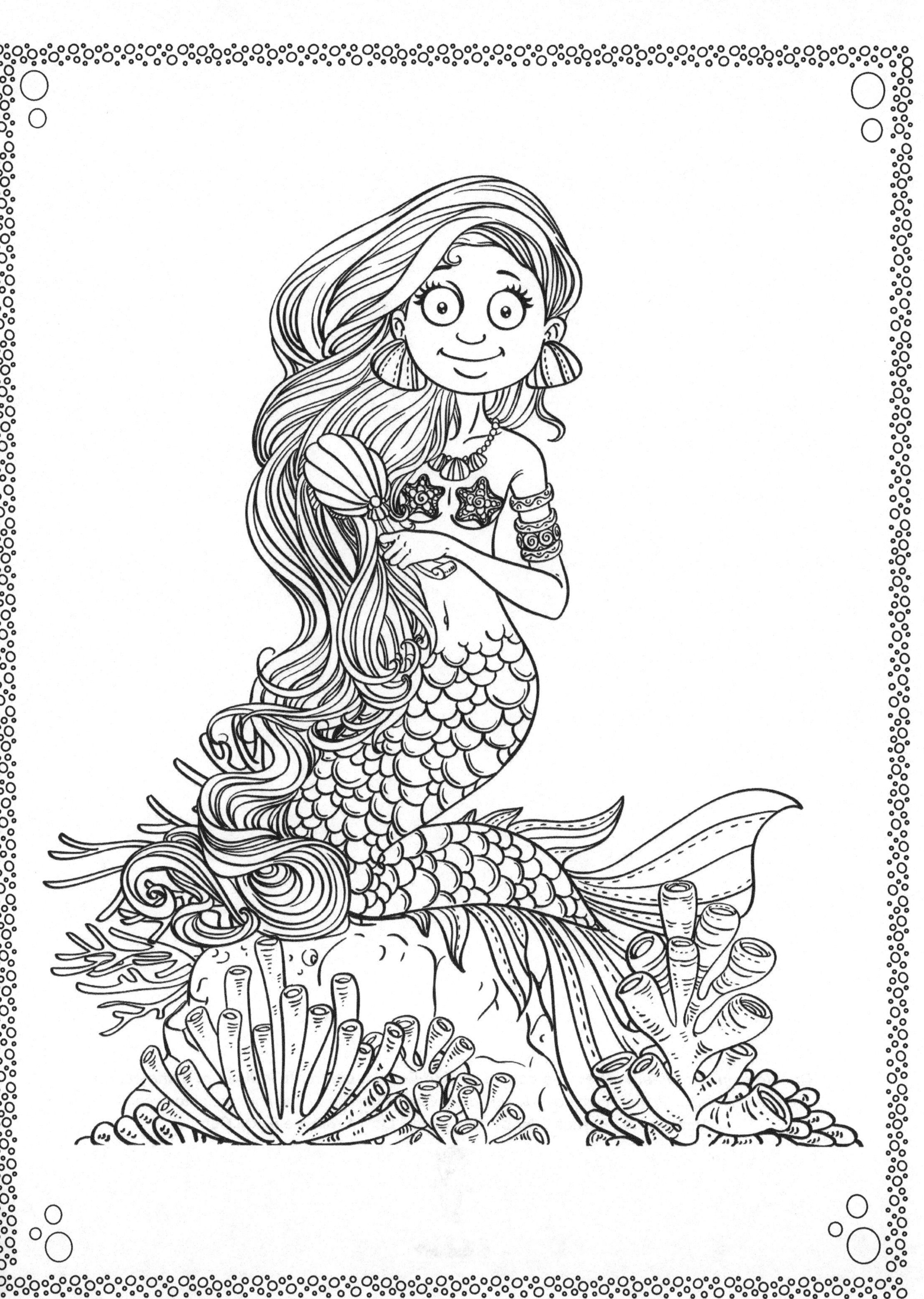

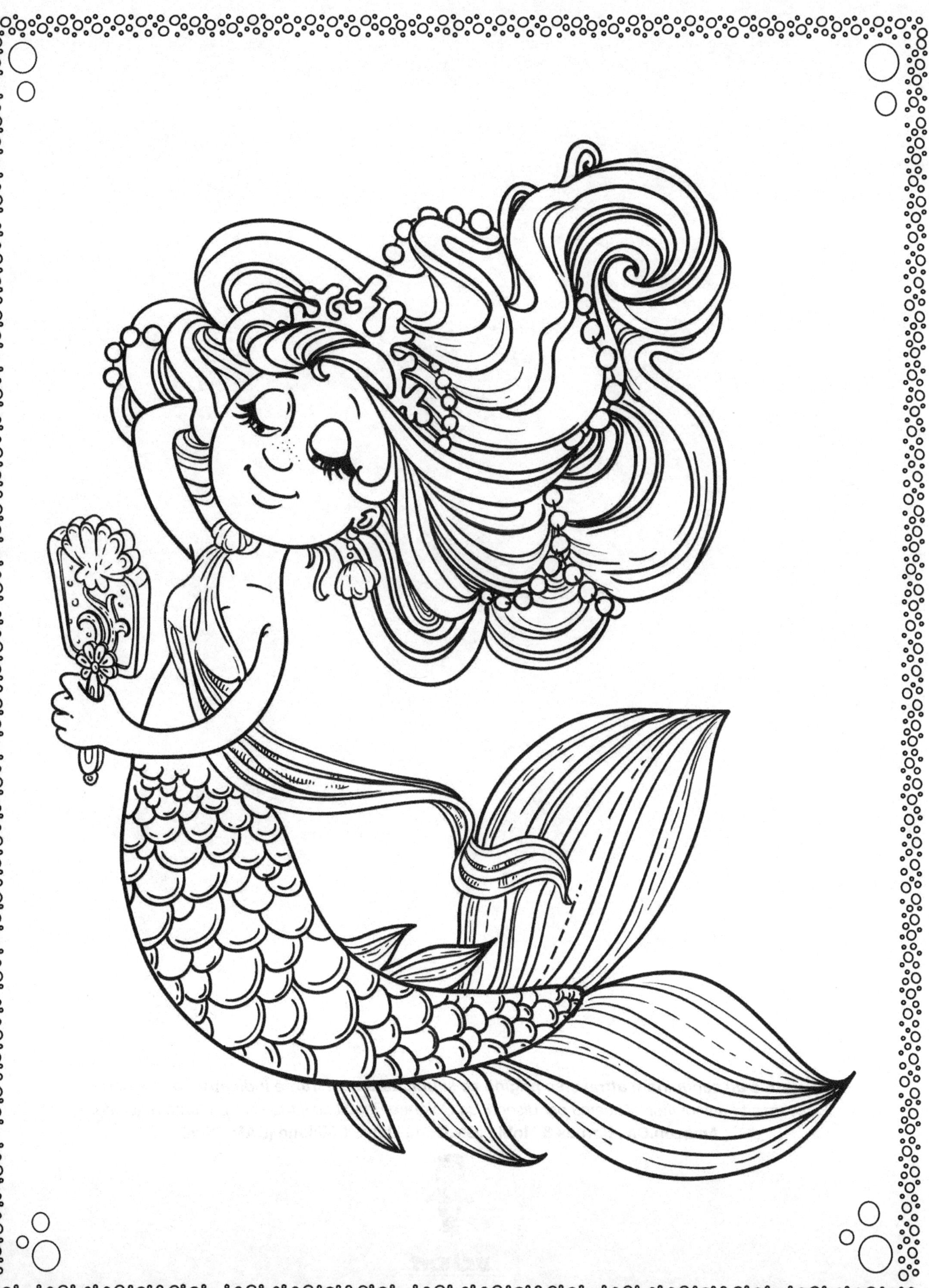

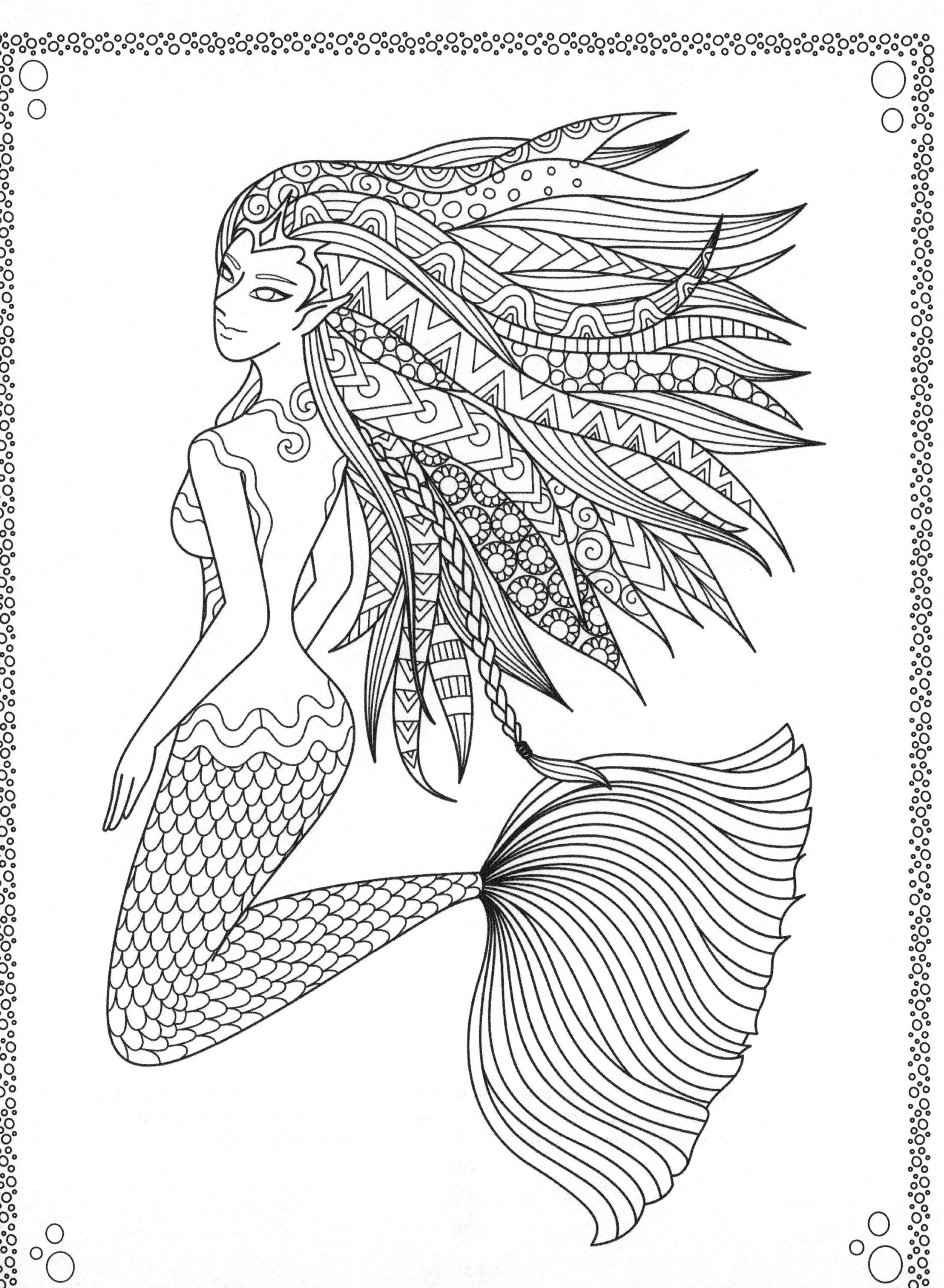

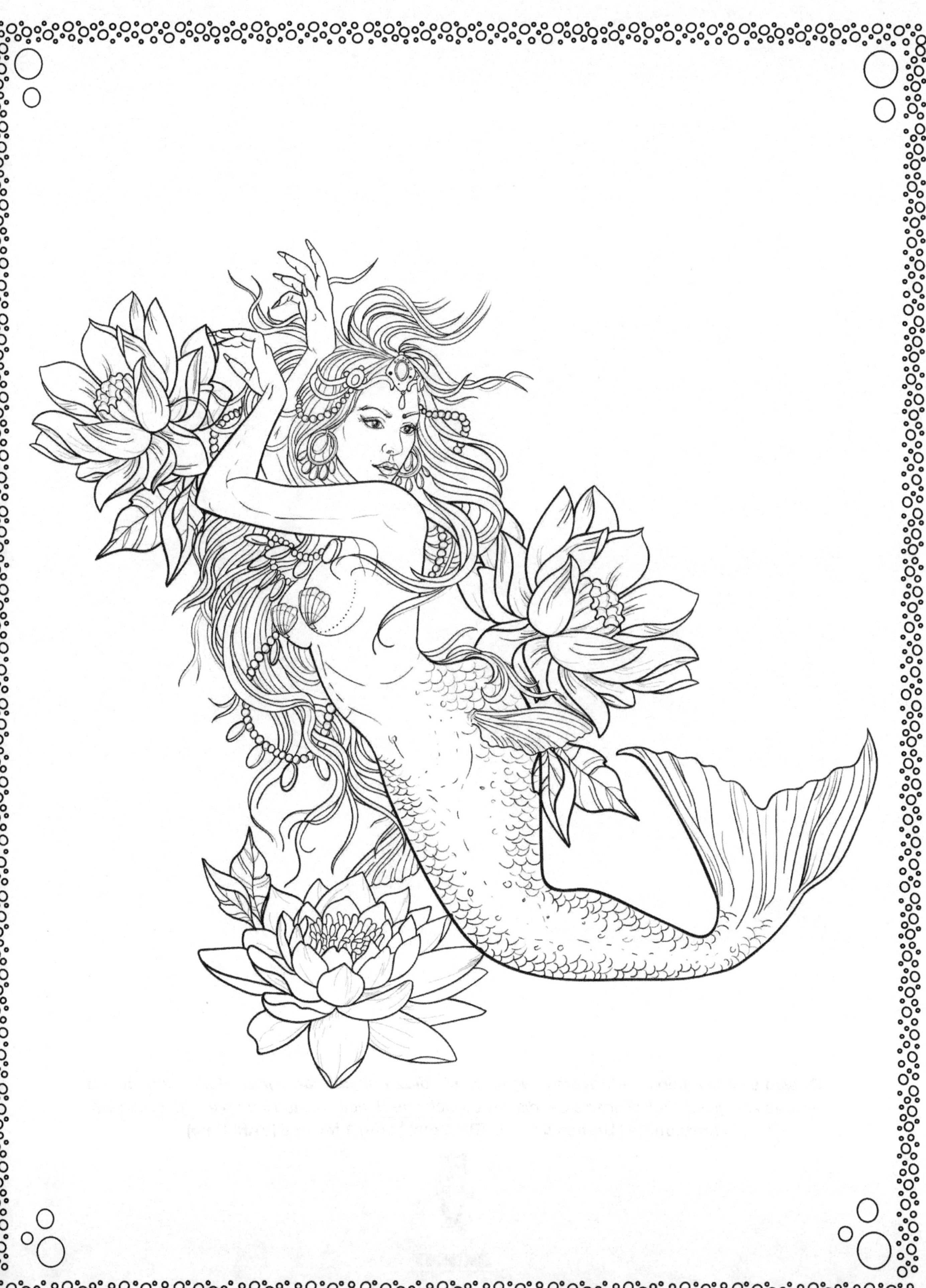

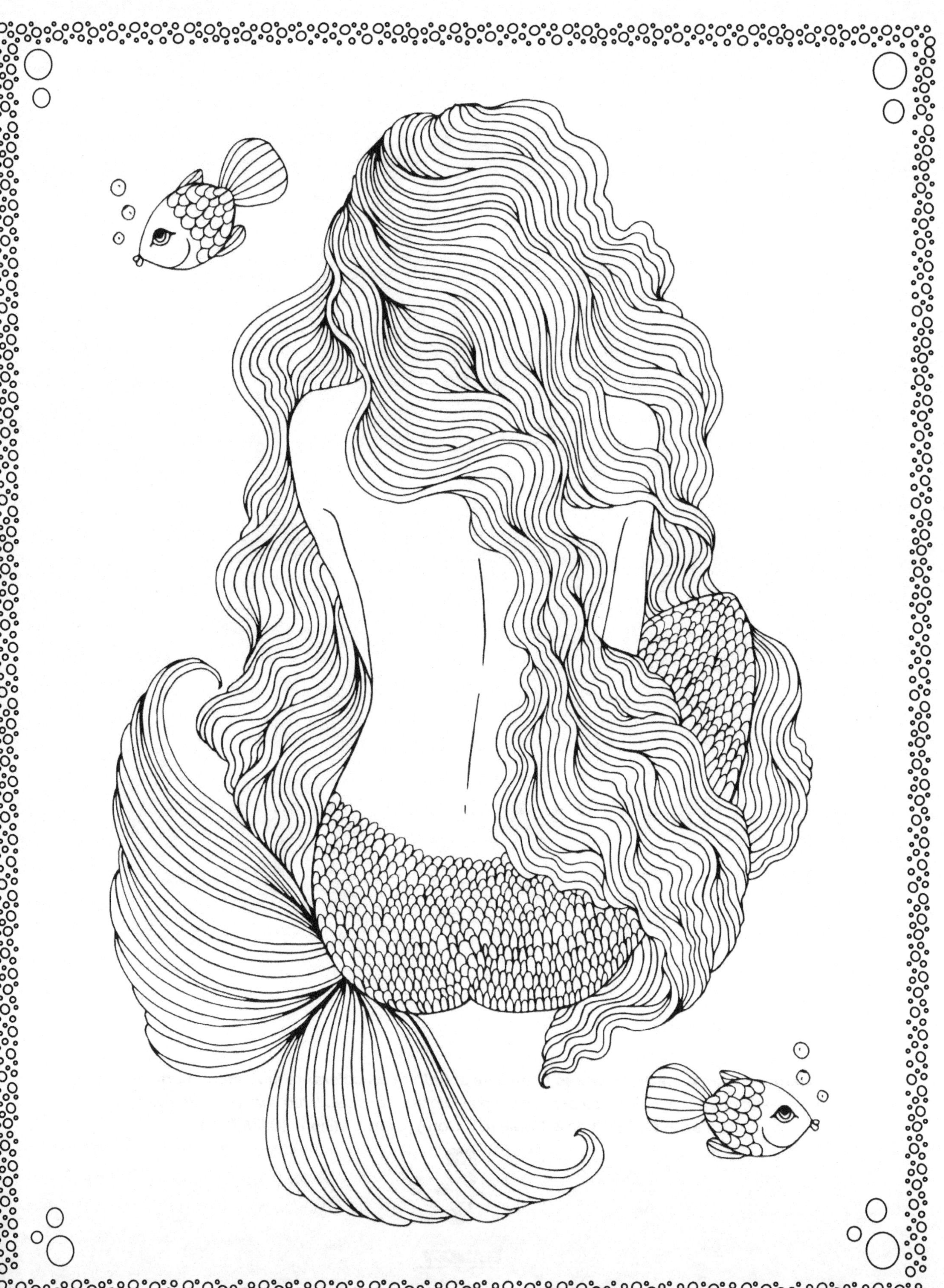

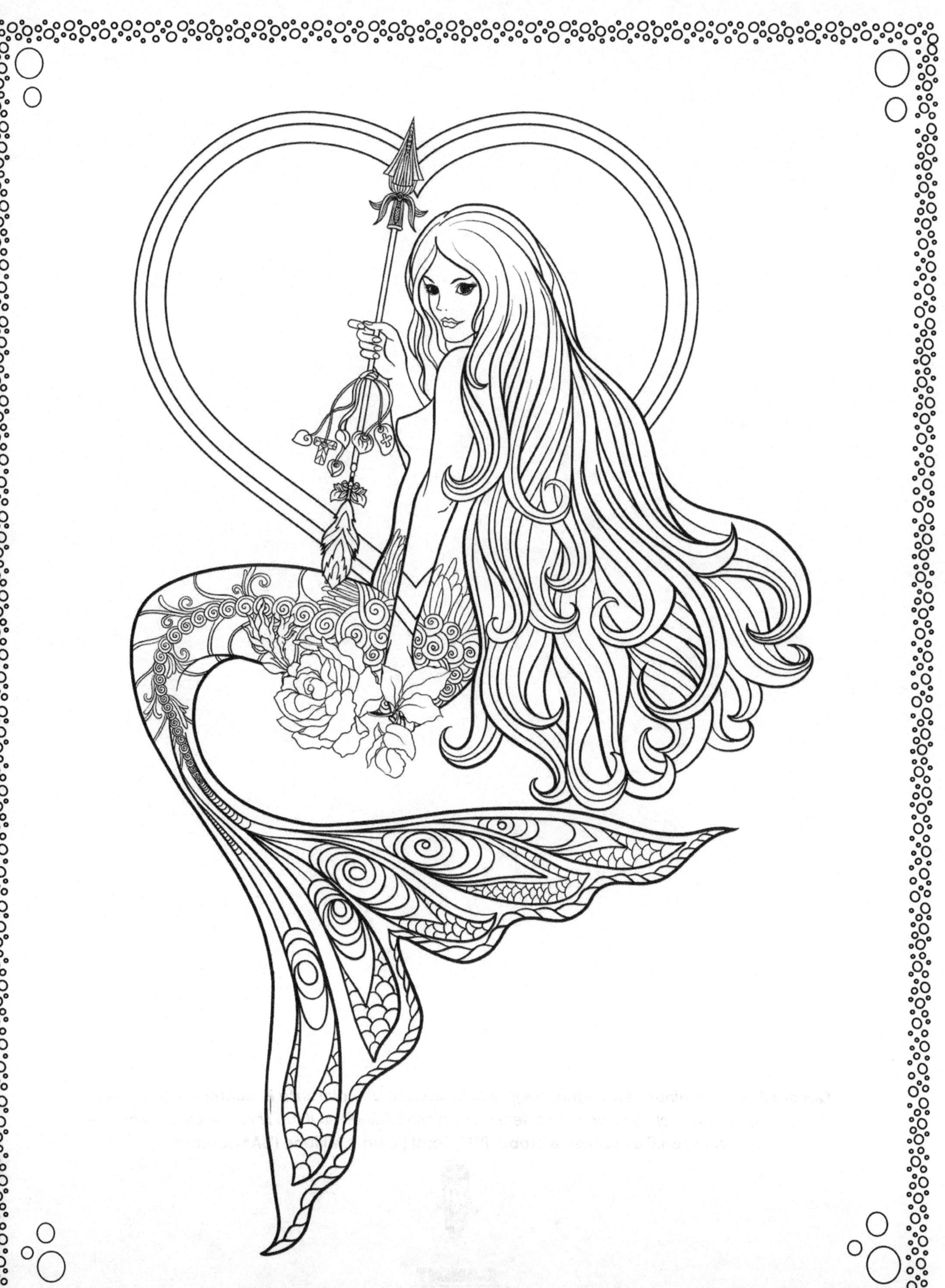

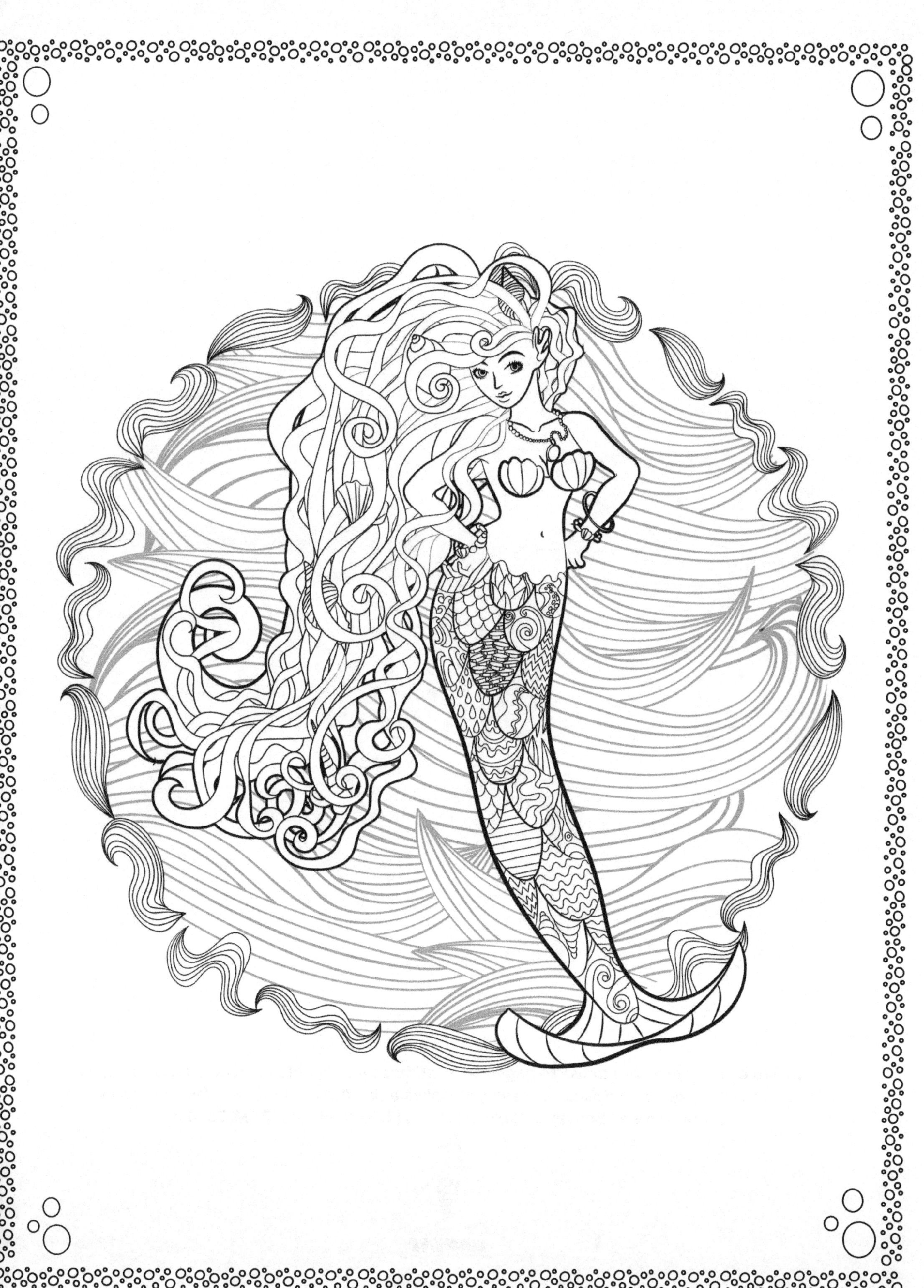

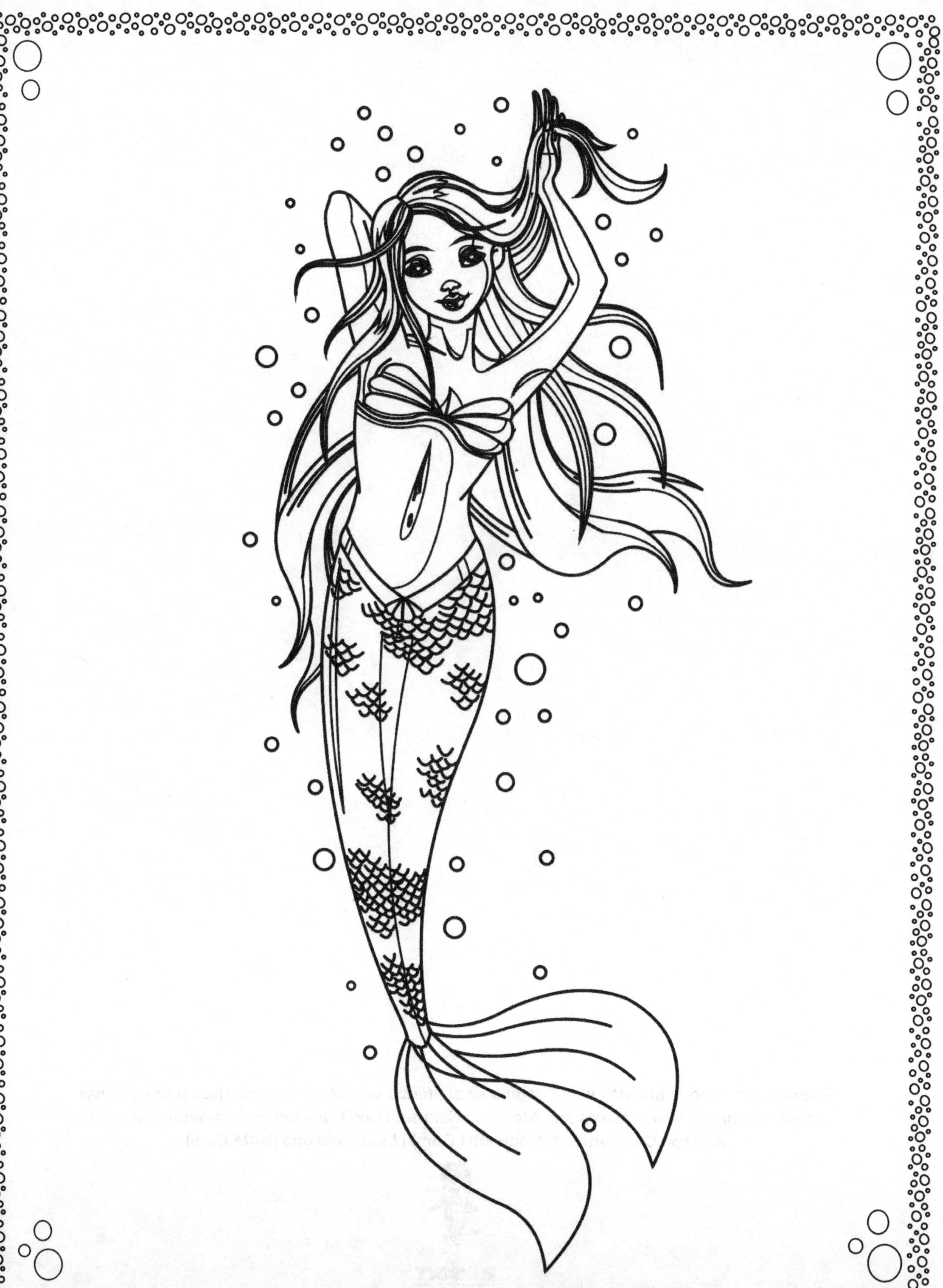

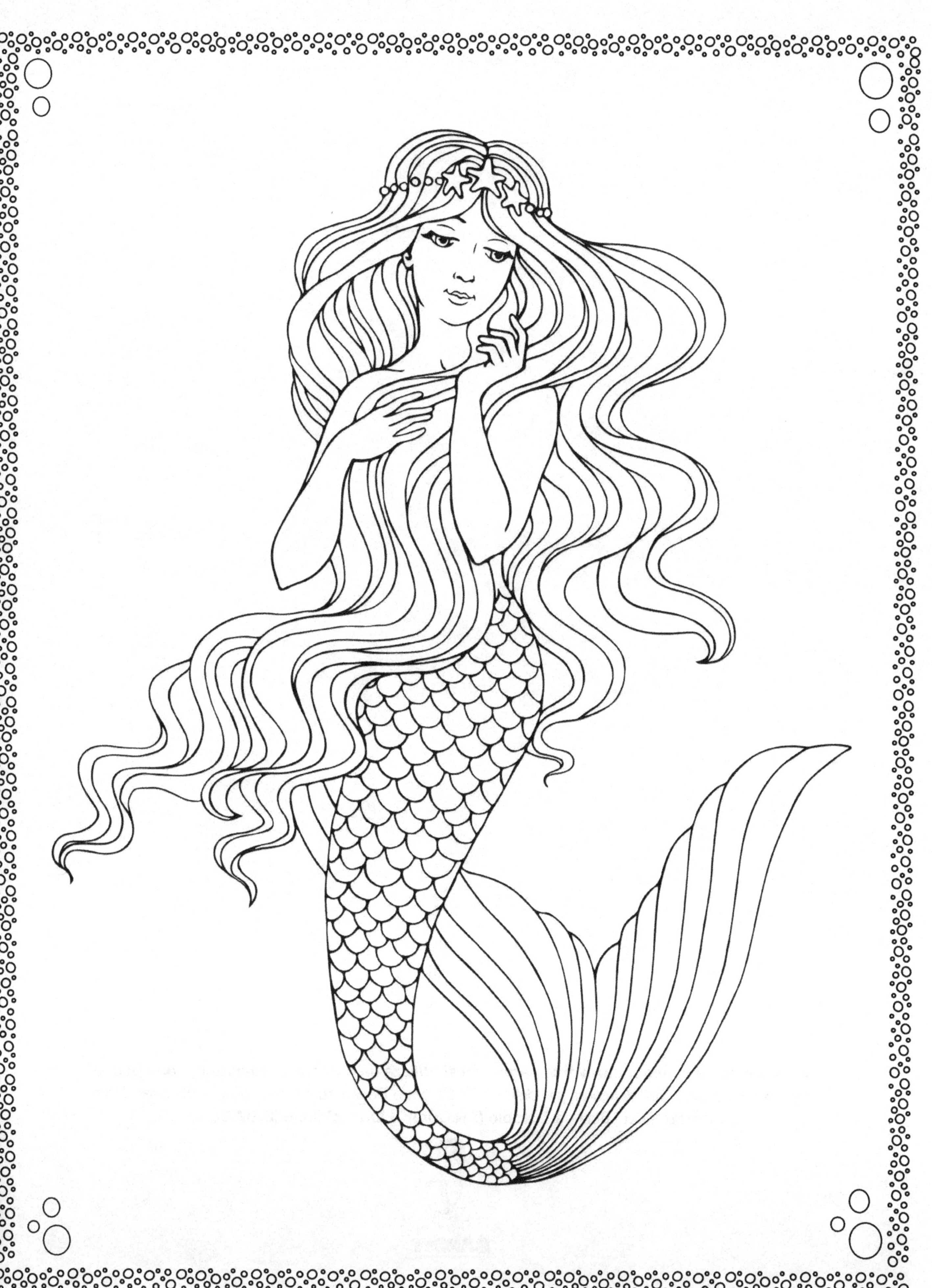

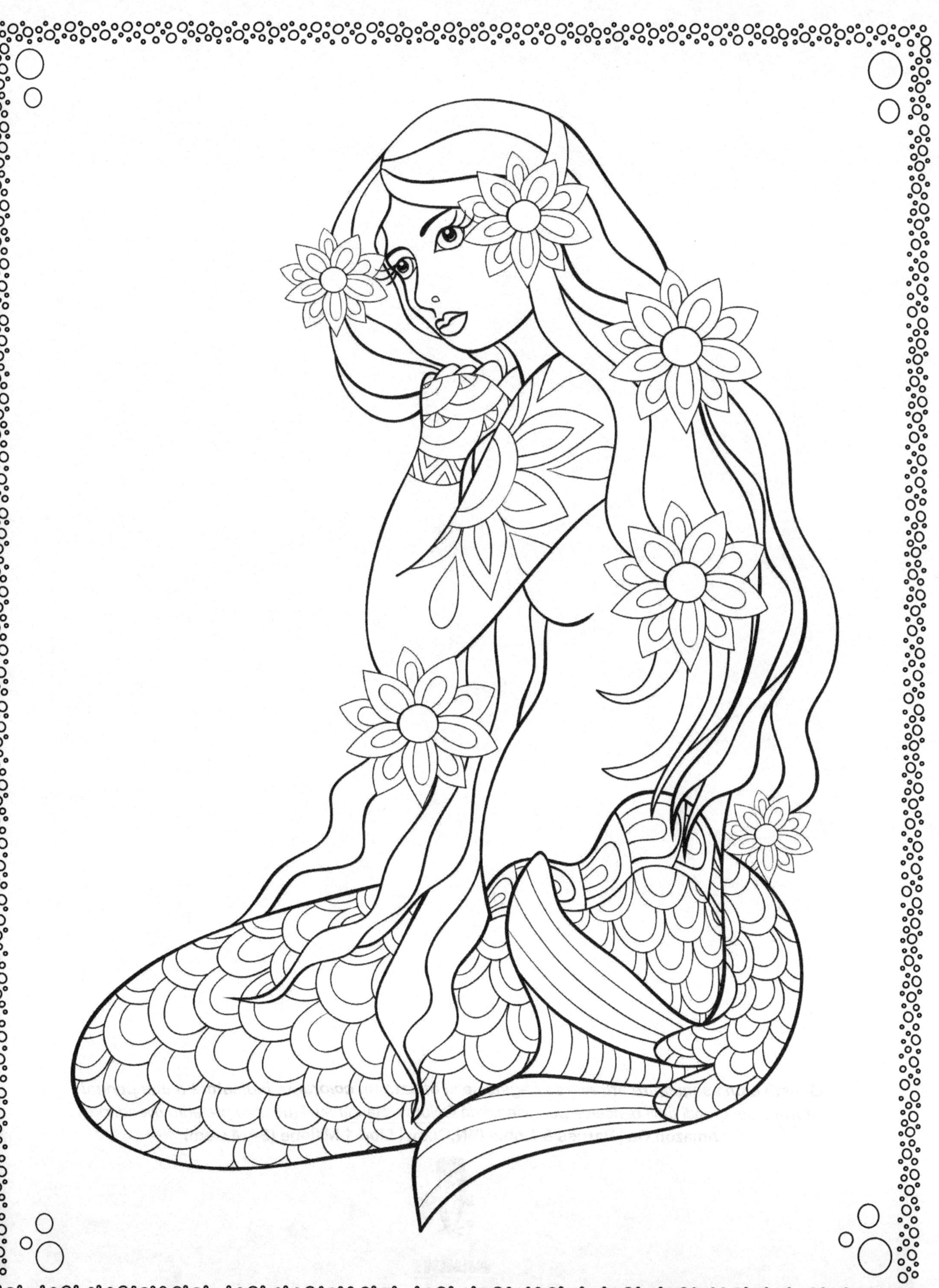

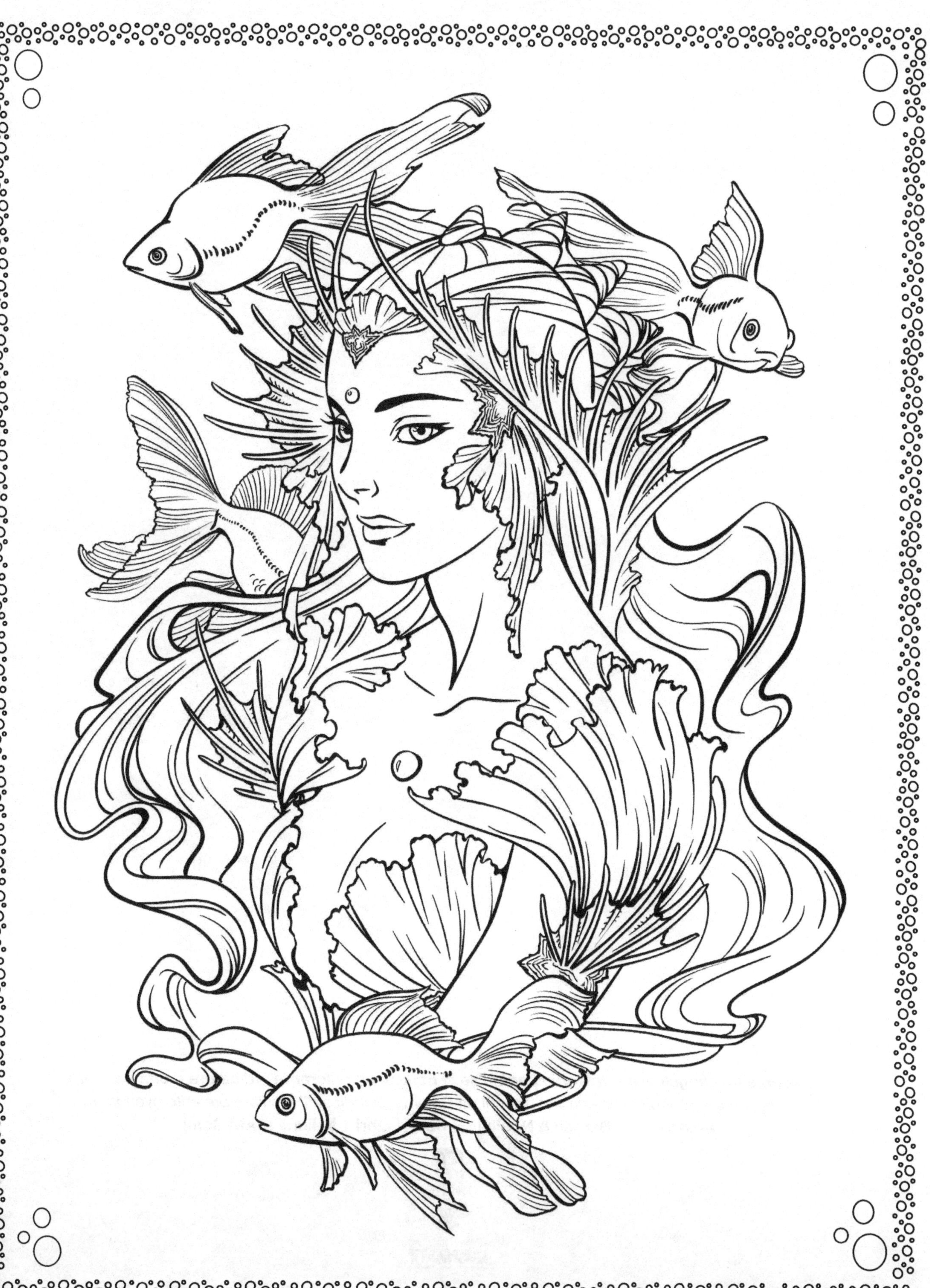

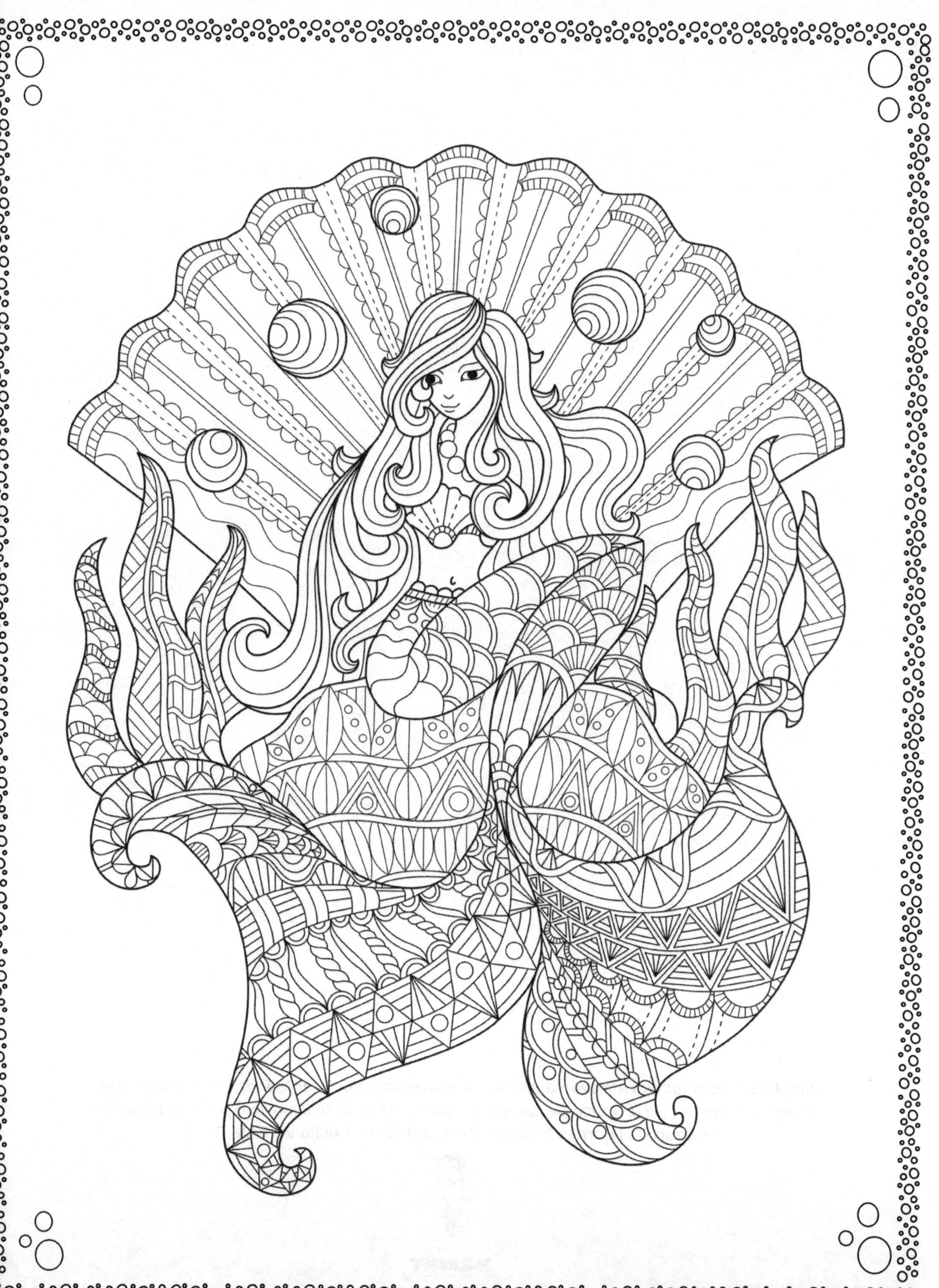

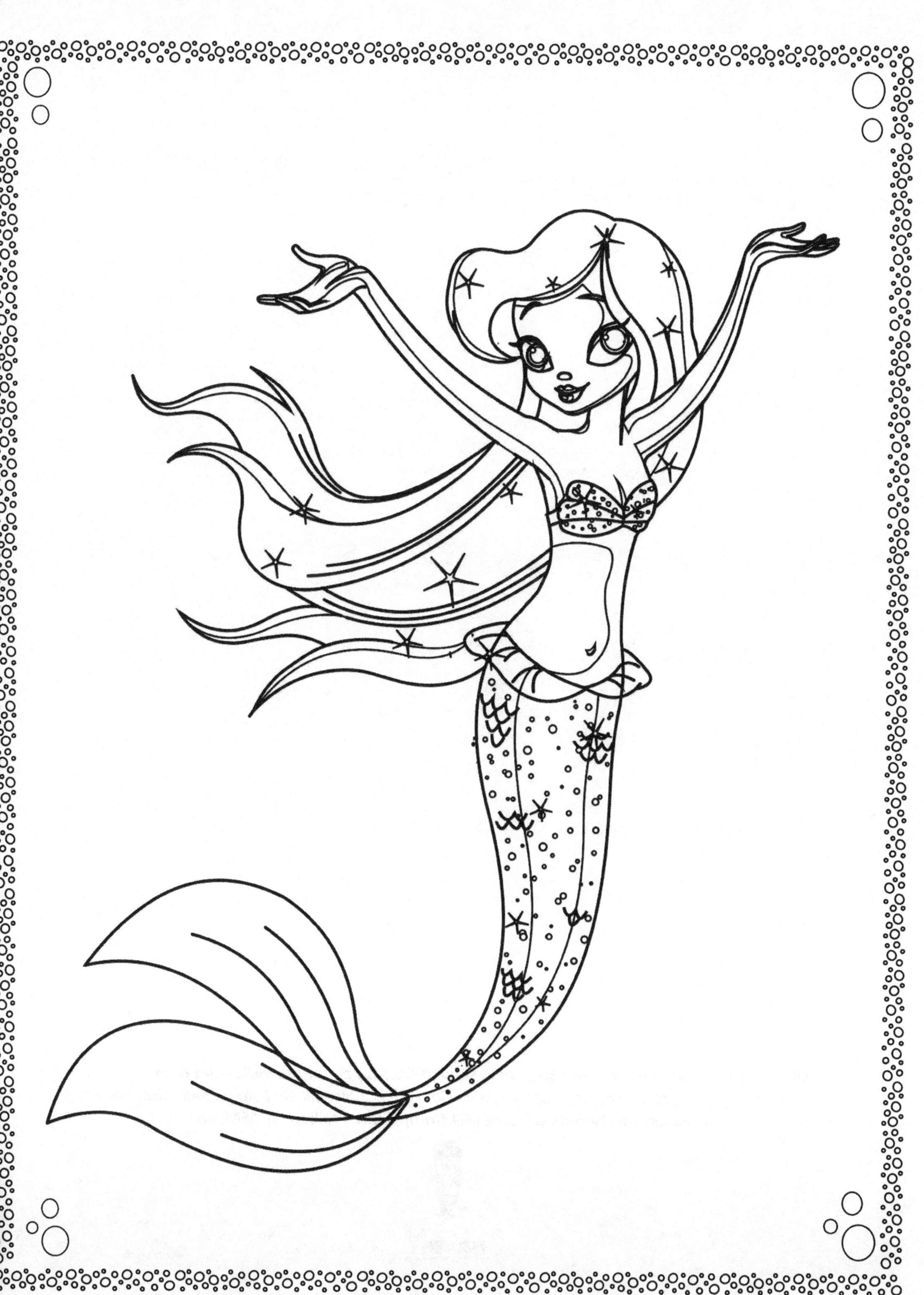

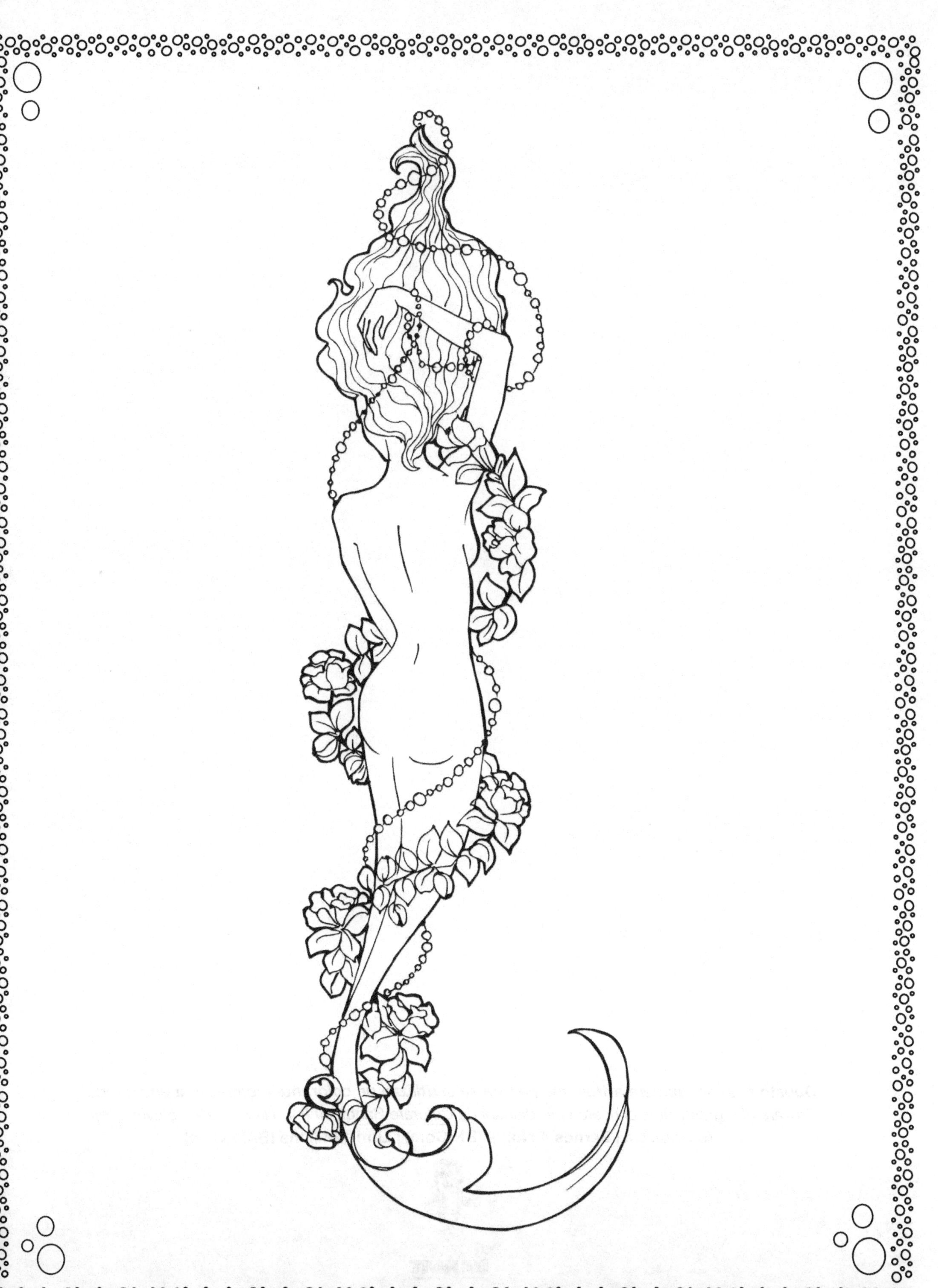

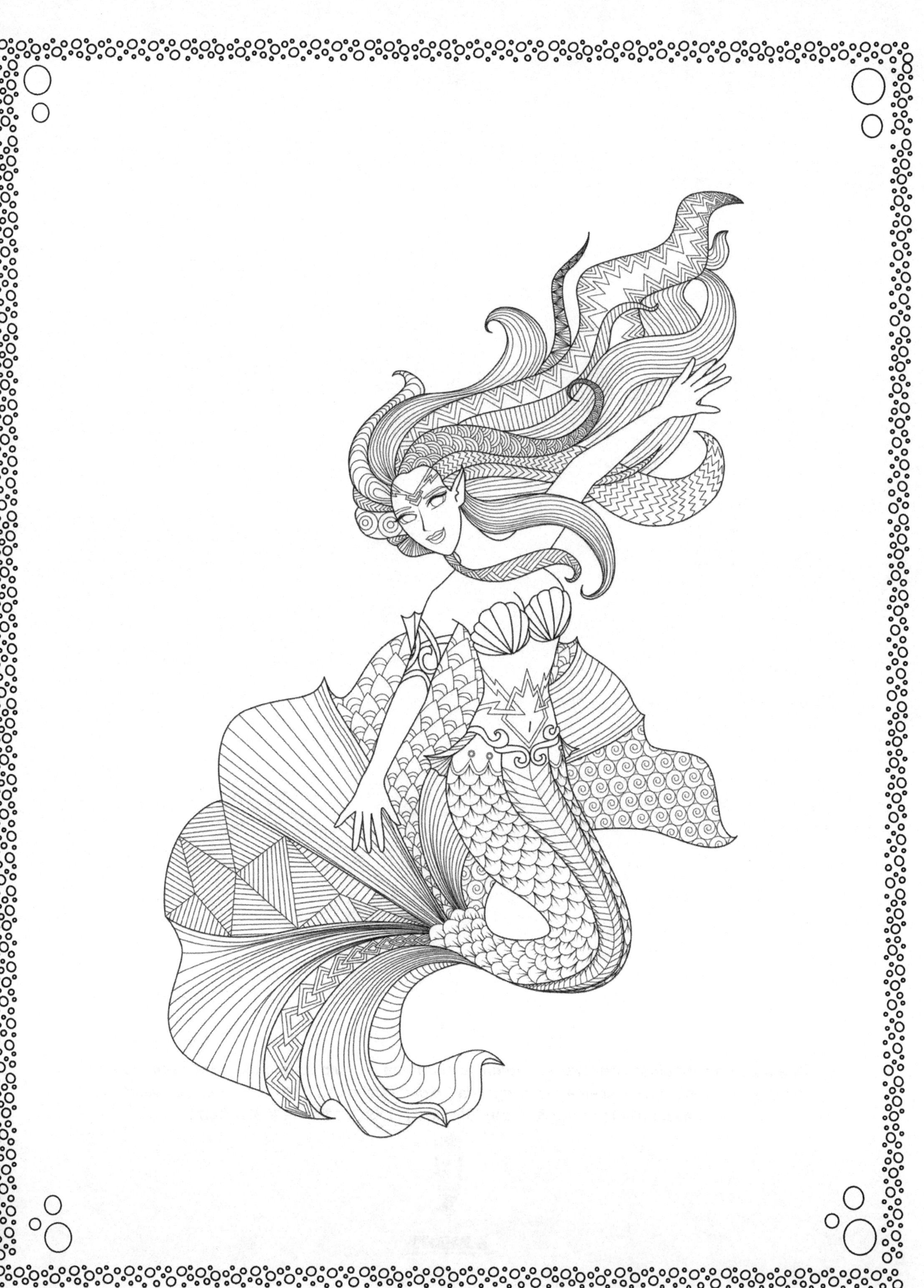

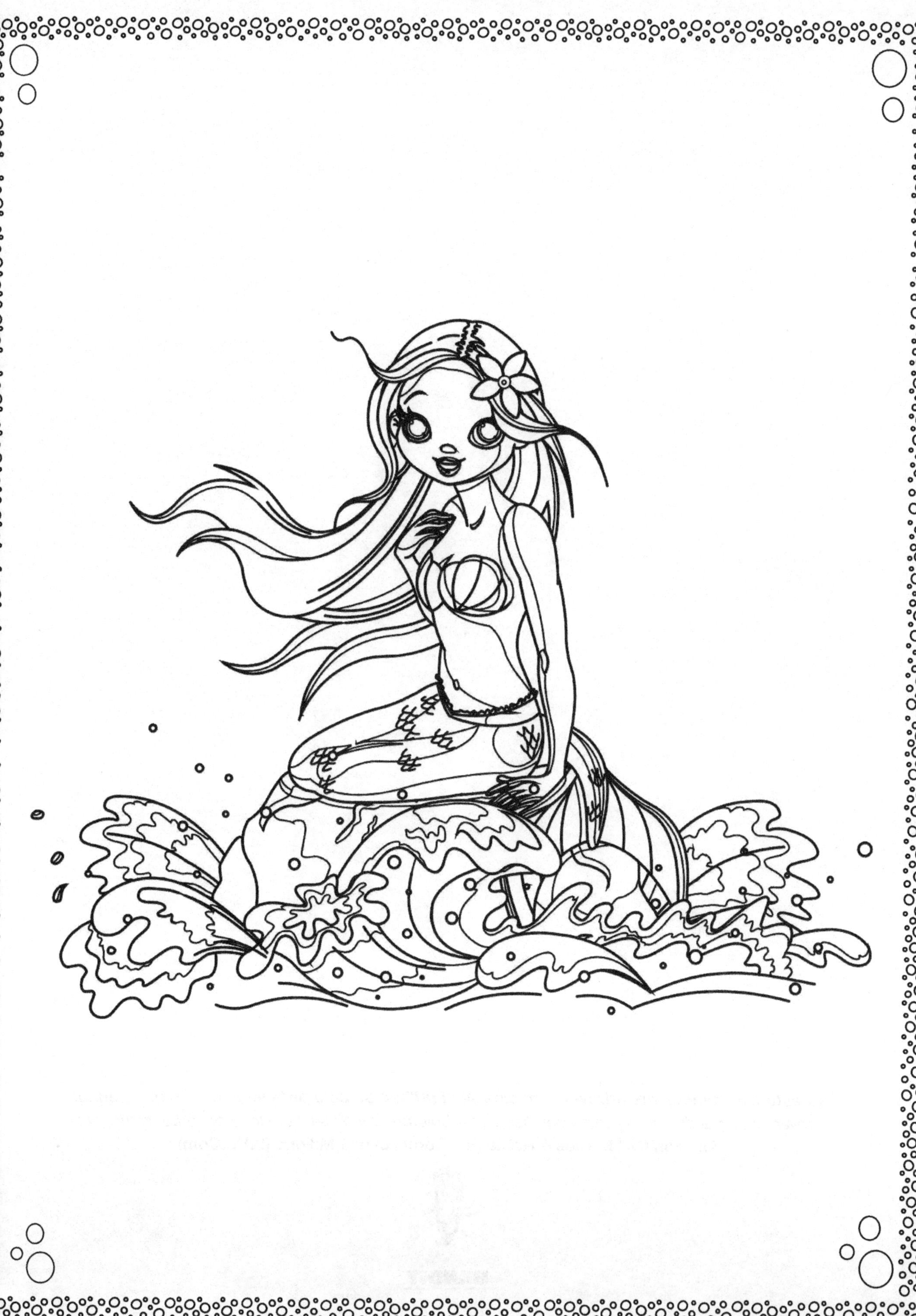

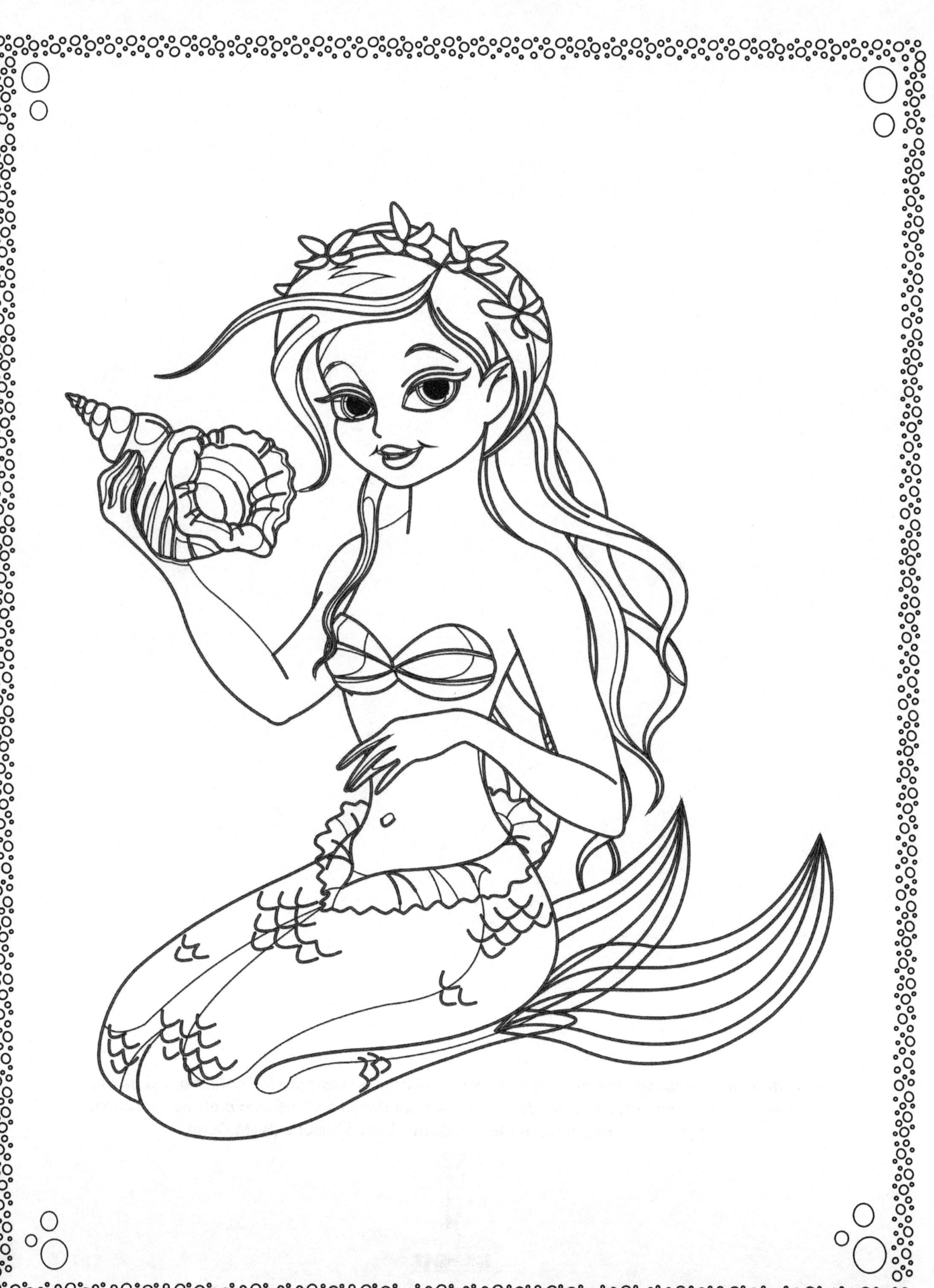

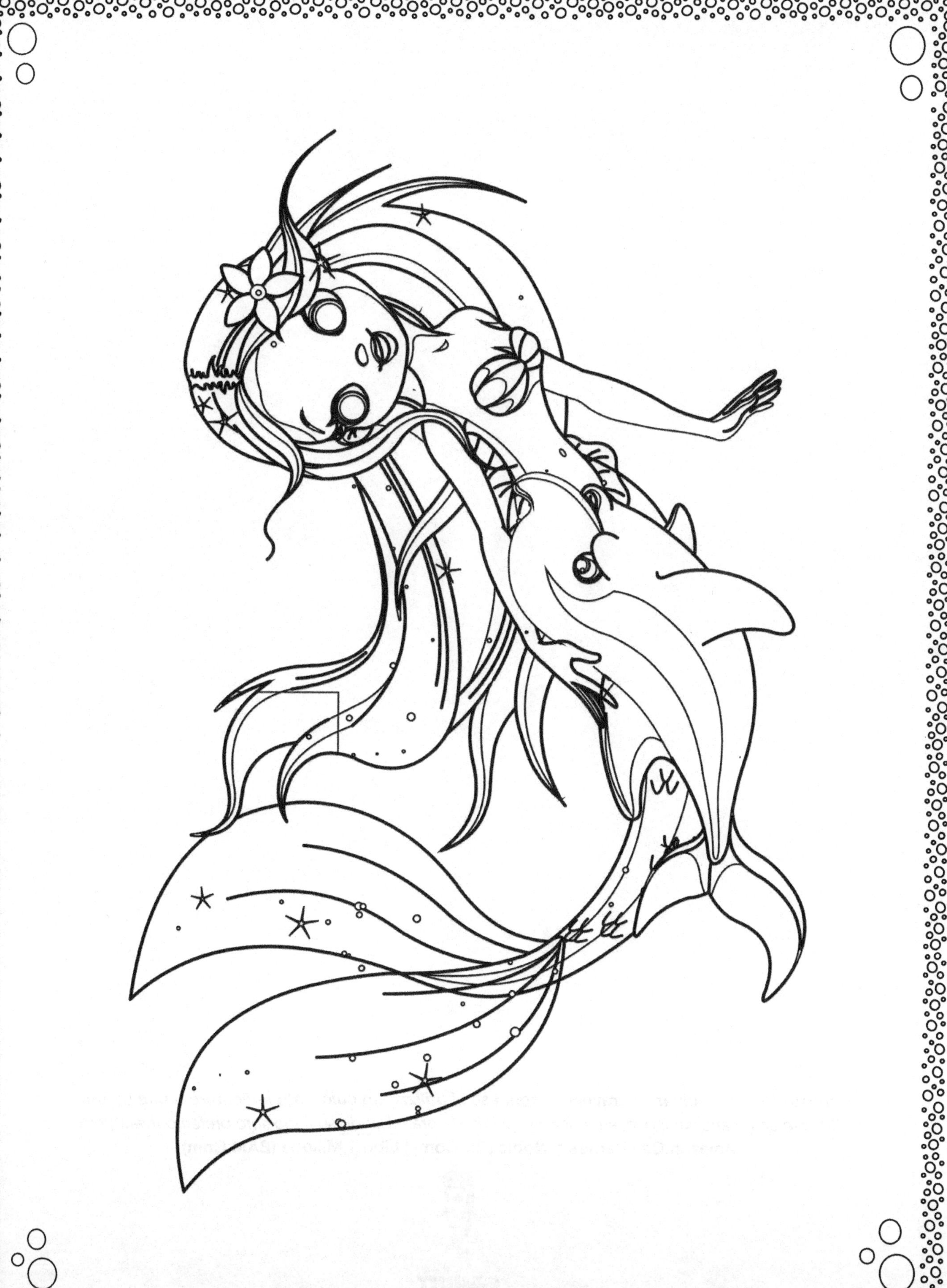

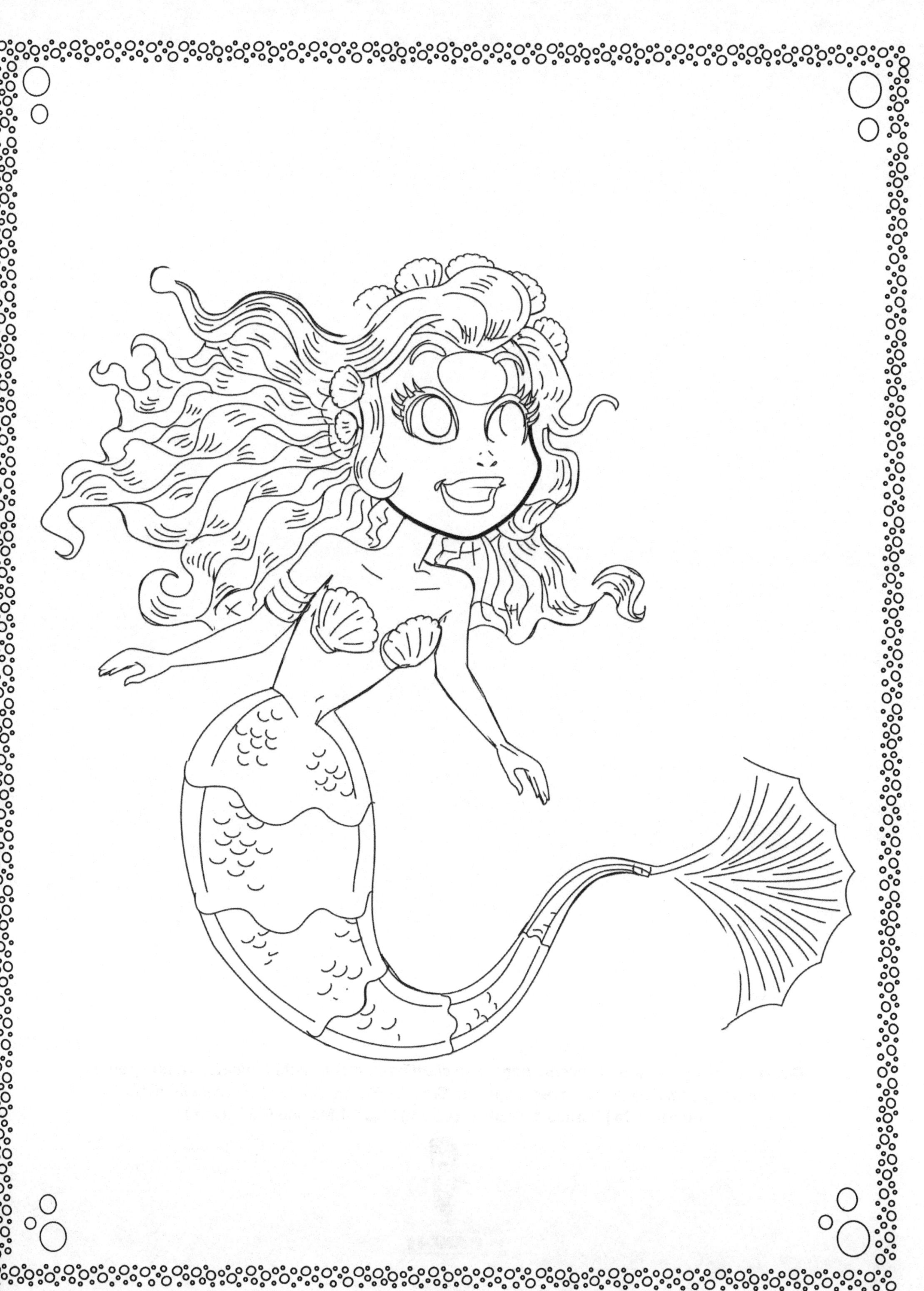

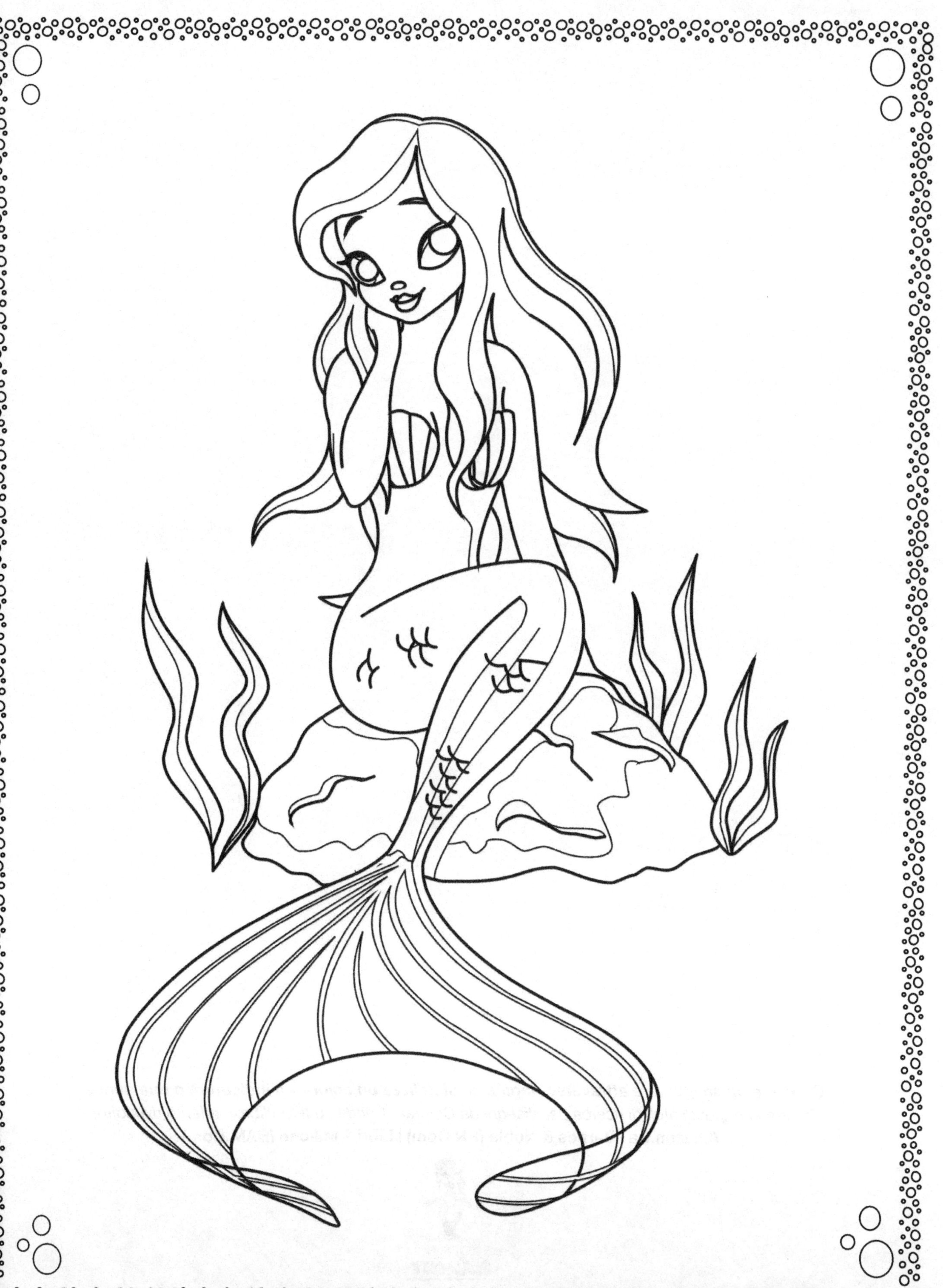

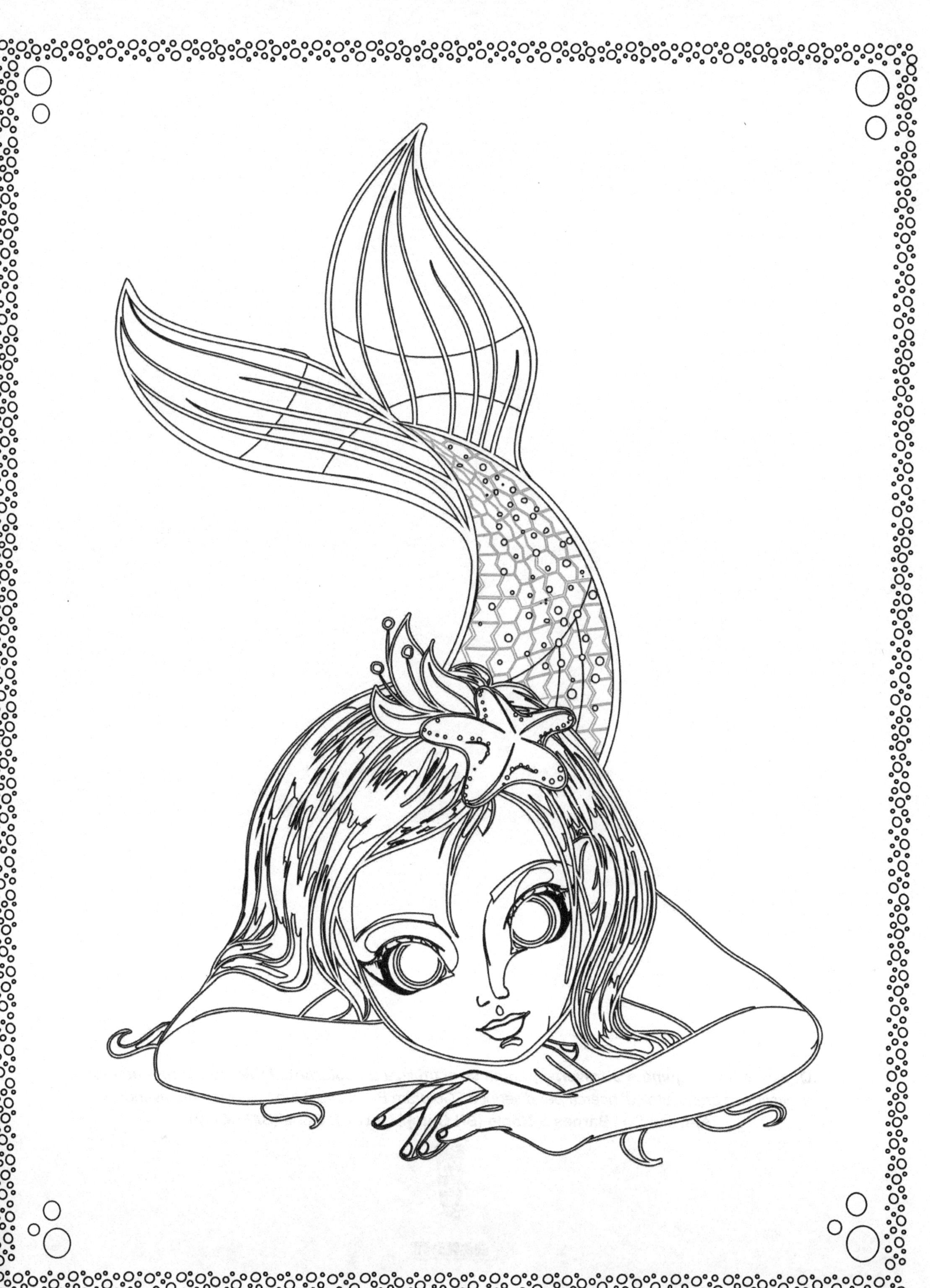

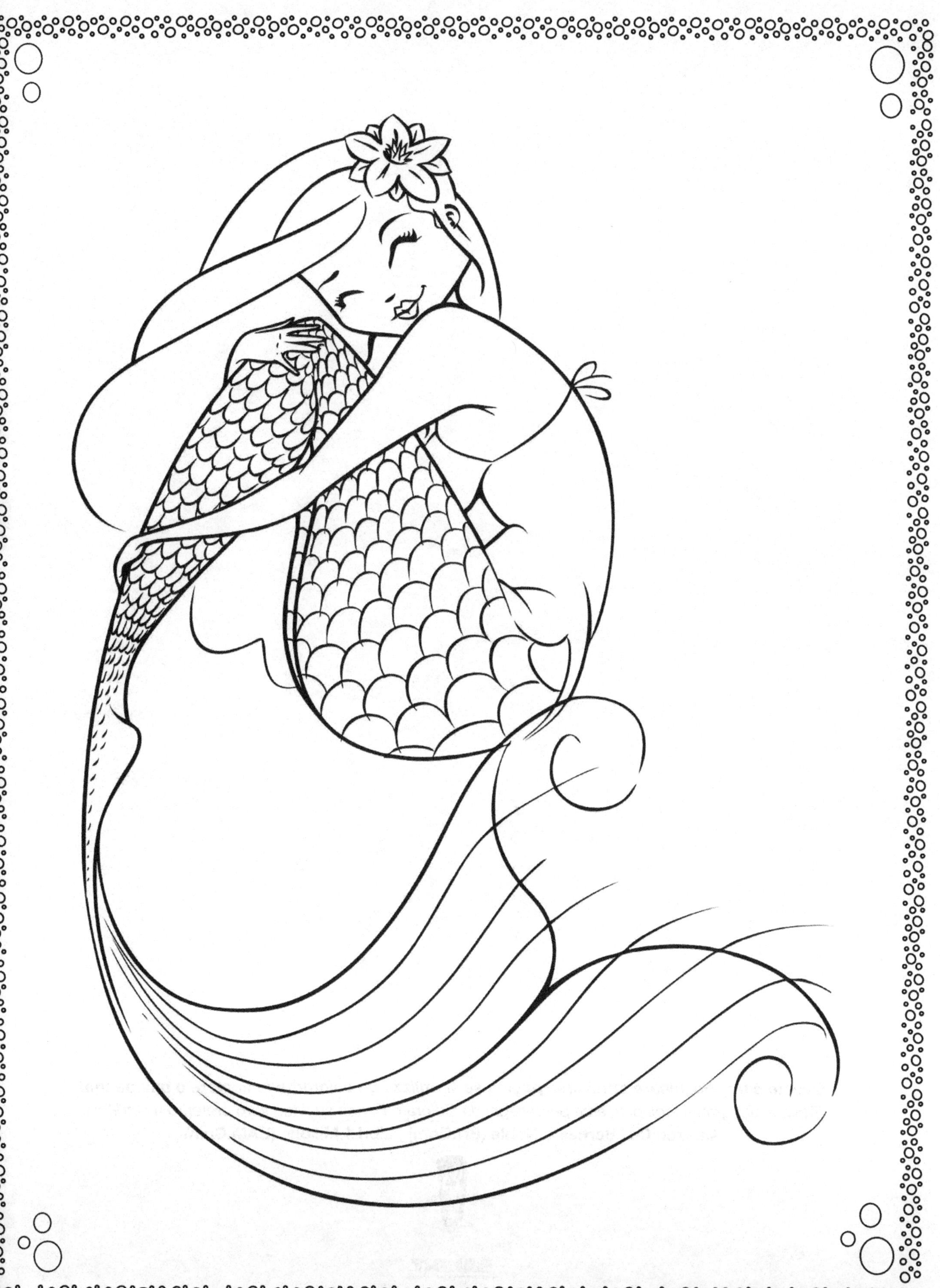

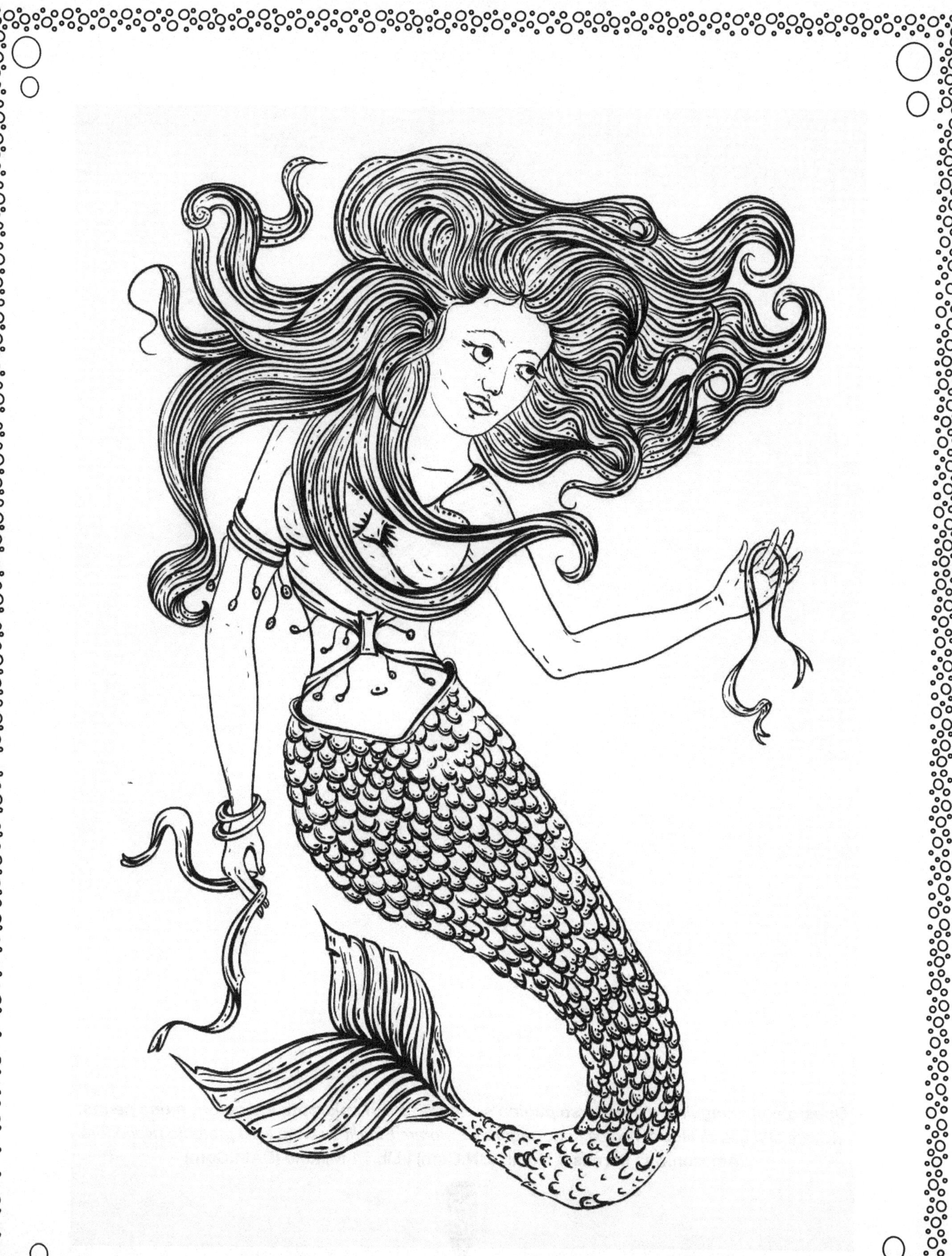

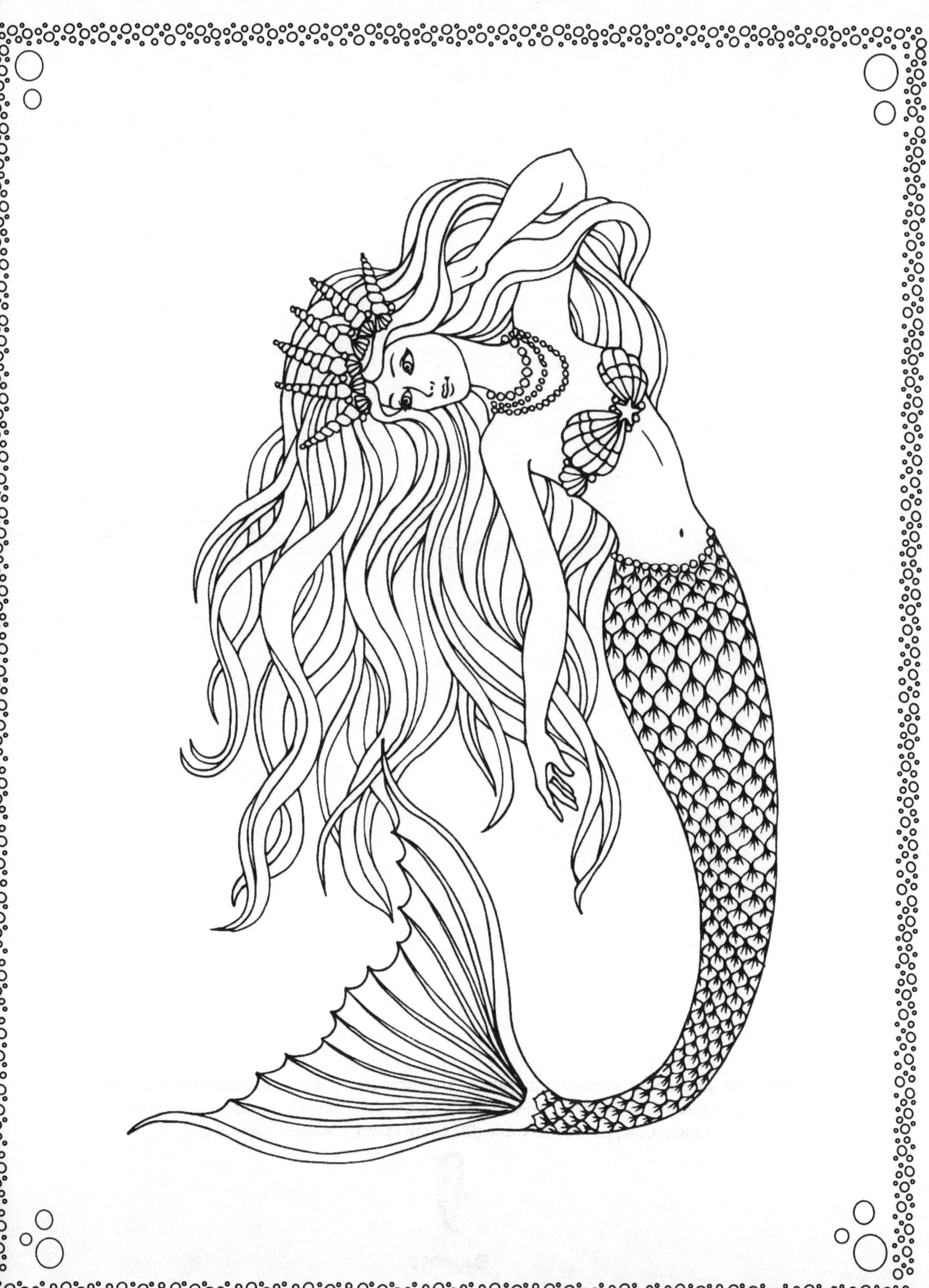

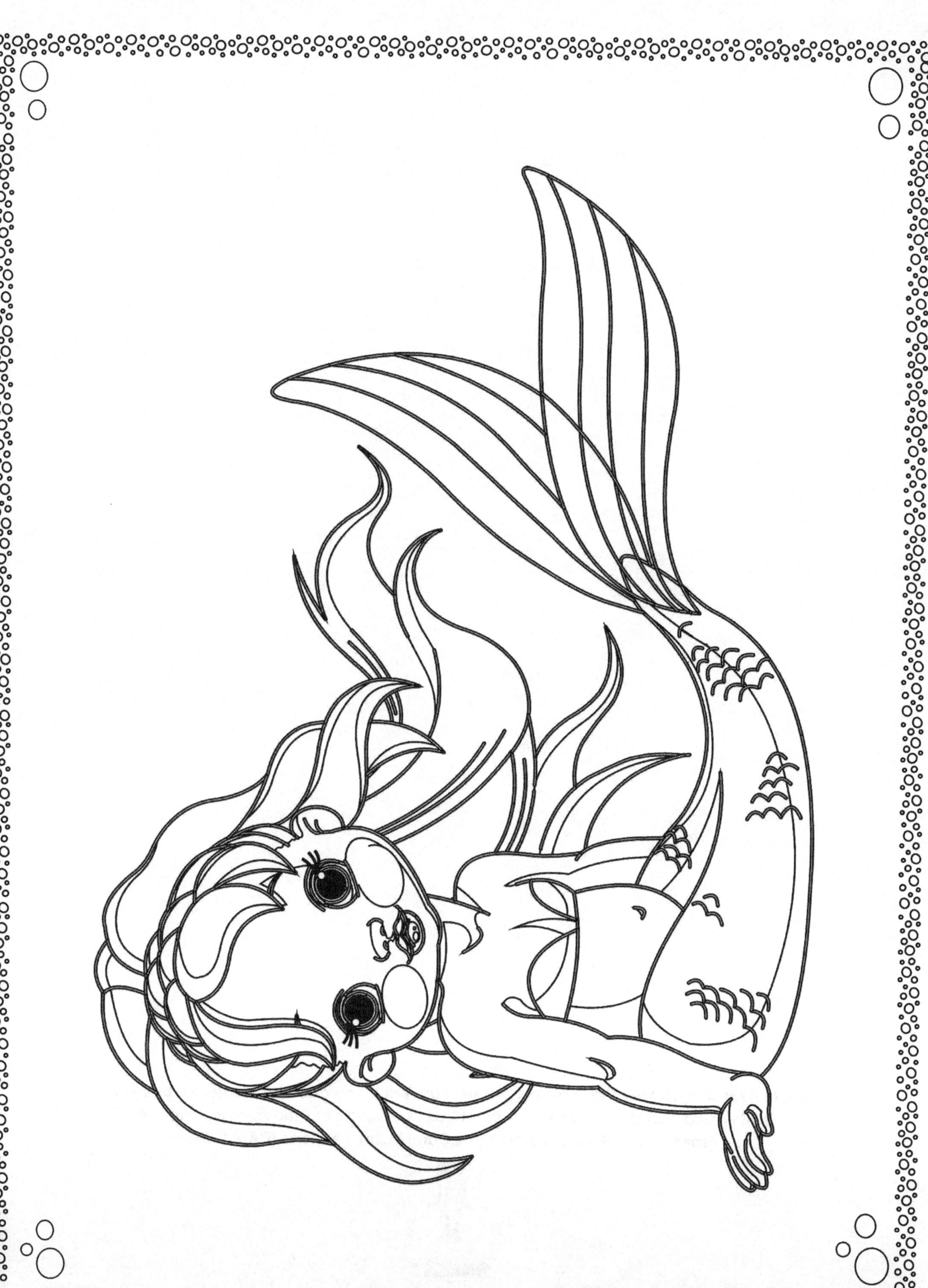

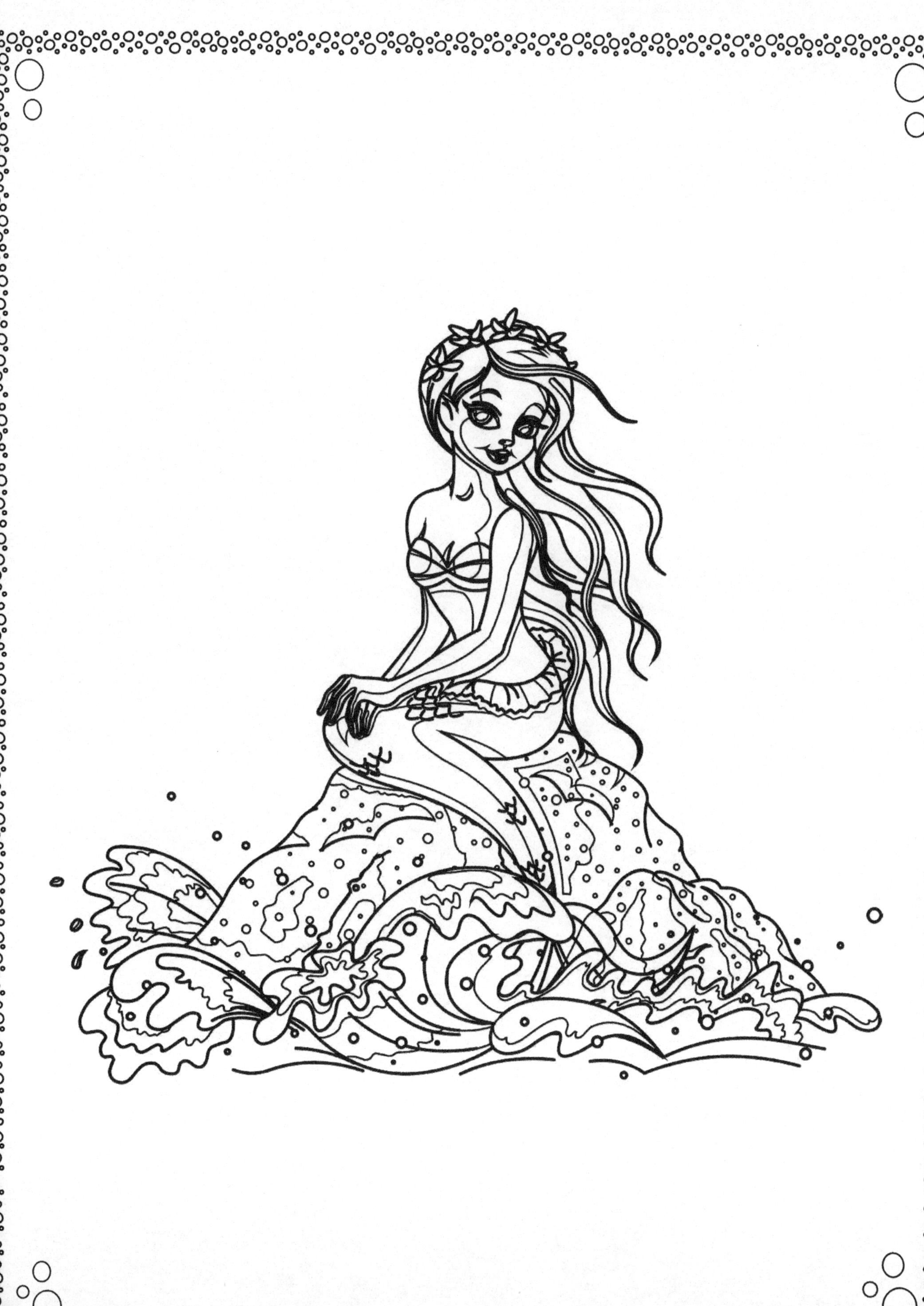

Made in the USA
Monee, IL
07 July 2026

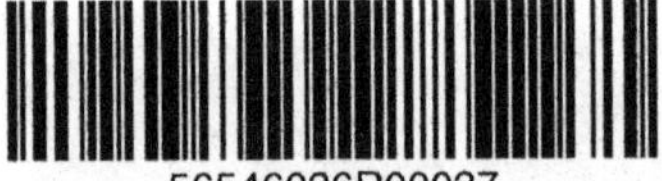